国家中等职业教育改革发展示范学校规划教材·物流服务与管理专业

快 递 实 务

主编　毕丽丽
主审　王彩娥

中国财富出版社

图书在版编目（CIP）数据

快递实务/毕丽丽主编．—北京：中国财富出版社，2016.4（2019.8重印）
（国家中等职业教育改革发展示范学校规划教材·物流服务与管理专业）
ISBN 978-7-5047-6059-3

Ⅰ.①快…　Ⅱ.①毕…　Ⅲ.①邮件投递—中等专业学校—教材　Ⅳ.①F618.1

中国版本图书馆CIP数据核字（2016）第036033号

策划编辑　黄正丽　**责任编辑**　葛晓雯
责任印制　尚立业　**责任校对**　饶莉莉　**责任发行**　敬　东

出版发行　中国财富出版社
社　　址　北京市丰台区南四环西路188号5区20楼　**邮政编码**　100070
电　　话　010-52227588转2098（发行部）　010-52227588转321（总编室）
010-52227588转100（读者服务部）　010-52227588转305（质检部）
网　　址　http://www.cfpress.com.cn
经　　销　新华书店
印　　刷　中农印务有限公司
书　　号　ISBN 978-7-5047-6059-3/F·2550
开　　本　787mm×1092mm　1/16　**版　　次**　2016年4月第1版
印　　张　9.75　**印　　次**　2019年8月第4次印刷
字　　数　219千字　**定　　价**　25.00元

前　言

物流服务与管理专业要求学生不仅要熟悉各种物流理论知识，更要掌握物流设备的操作和物流现场的作业流程，对学生的动手实操能力要求非常高。为了提高学生的实践能力，在教学过程中将工作过程设计成学习过程，实现工作与学习的结合，达到促进学生就业、为社会提供合格人才的目的，校企共同研讨开发了该教材。

本课程是物流服务与管理专业的一门专业核心课程，主要任务是培养学生熟练掌握快递地面处理过程中的快递收派、快递业务营销、快递货物分拣、快递返款回收等技能，同时掌握相关的基本理论。课程目标定位是以学生未来就业岗位的技能培养为宗旨，立足于实际快递业务处理能力培养，对课程内容的选择标准作了根本性改革，打破以知识为主线的传统课程模式，转变为以能力为主线的任务引领型课程模式。紧紧围绕快递业务地面处理的日常管理能力要求，针对快递收派员岗位需要，突出对快递收派、快递业务营销、快递货物分拣、快递返款回收等技能点的训练。使学生在完成具体项目的过程中来构建相关理论知识，并发展其职业能力。

依据上述课程目标定位，本课程从工作任务、知识要求与技能要求三个维度对课程内容进行规划与设计，以使课程内容更好地与岗位要求相结合。共划分为快递行业认知、快件接单、快件收取、快件处理、集货分拣、快件封发、快件到达、快件派送服务八个典型工作任务，知识与技能内容则依据工作任务完成的需要进行确定。编写过程中尤其注意了整个内容的完整性，以及知识与技能的相关性。在对知识与技能的描述上也力求详细与准确。

本教材由北京市商业学校毕丽丽老师担任主编、北京市商业学校物流交通系主任王彩娥高级讲师担任主审。北京市商业学校李小龙老师、于寅虎老师、孙明燕老师、吕豪老师，北京市络捷斯特科技有限公司张惠等人参与编写工作。本教材在编写过程中，得到了北京市络捷斯特科技有限公司、顺丰速运、中国财富出版社的大力支持和帮助，同时还参阅、借鉴了许多专家和同行的成果，在此一并表示感谢。

由于能力、水平和编写时间有限，书中难免有不足之处，敬请广大读者提出宝贵意见和建议，以便进一步修订和完善。

毕丽丽

2015 年 8 月

目　录

项目一　快递行业认知

通过项目一的学习，使学生了解快递的发展历程，熟悉快递行业的发展现状，熟悉快递相关岗位的工作内容，了解快递企业与物流企业的区别以及了解快递企业的相关组织结构、行业现状、工作环境、业务类型等相关内容，从而使学生能够按照要求完成所属工作任务，加深对快递行业的认知，尽快融入快递企业。

学习目标

● 知识目标

了解快递的发展历程；

熟悉快递行业的发展现状；

熟悉快递相关岗位的工作内容；

了解快递企业与物流企业的区别。

● 能力目标

能够明确区分快运与普运；

能够区分外资、国有和民营快递企业；

能够区分快递服务的种类。

● 情感目标

培养学生对快递行业的热爱，加深对快递行业的认知；

养成认真严谨的工作态度和吃苦耐劳的个性品质。

任务导入

小张作为快递公司刚入职的一名员工，领导希望他能够快速地了解快递企业的相关组织结构、行业现状、工作环境、业务类型等相关内容。那么小张该怎样去了解这些信息呢？快来帮他支支招！

任务分析

针对本任务，分析相关内容如下：

一、快递行业的概述

快递业，是指承运方通过铁路、公路、航空等交通方式，运用专用工具、设备和应用软件系统，对国内、国际及港澳台地区的快件揽收、分拣、封发、转运、投送、信息录入、查询、市场开发、疑难快件进行处理，以较快的速度将特定的物品运达指定地点或目标客户手中的物流活动，是物流的重要组成部分，它的特点就在于它的"快"字。能够在极短的时间内将物品运达到目标地点，但是运量较小，运费较高，同时由于要经过不同的站点，几经周折，易使物品流失或损坏，安全系数较低（见图1-1）。

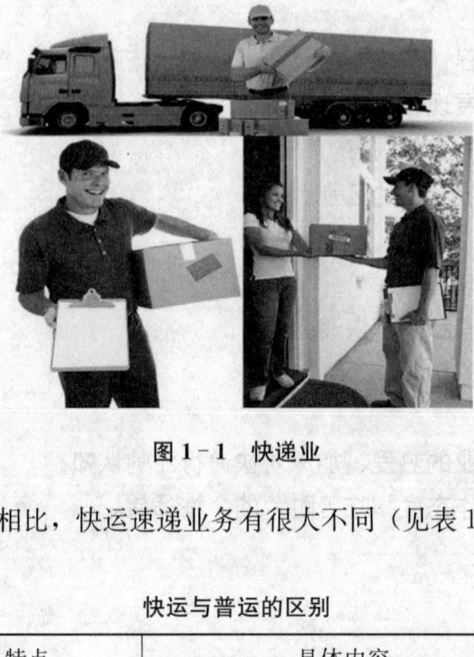

图1-1 快递业

与普通的运输方式相比，快运速递业务有很大不同（见表1-1）：

表1-1 快运与普运的区别

	特点	具体内容	举例
快运速递业务	快速、时间短、费用高，小物品	依靠不同的运输方式在最短的时间内将货物送到客户手中，快捷方便。费用较高，通常是较小的物品	EMS北京到西藏只需3天左右
普通运输方式	安全系数较高，大宗物品	对时间的要求不高，在较足的一段时间内到达皆可，往往是大宗货物，消费者只关注货物的安全	从外地订购一批货物

快递的运费一般高于普通运输方式，是由于其追求时效性而使得成本增加，满足客户对时间的需求。

二、快递行业的发展现状

1. 国内快递公司增长过快，发展不足

当前，由中国邮政一家独霸天下的格局已被打破，我国快递业出现了国营、民营、外资，多经济主体、多运输方式相互竞争的市场状况。目前，国内大小快递企业 3 万多家，存在国有、外资和民营三大阵营。中国国际快递以外资为主，国内快递则以国有为主导，民营为主体。城市内快递，民营约占 90%，省际快递民营约占 50%。从实力来看，快递行业内存在“四方势力”：四大外资、中国邮政、内资大企业、民营公司。

虽然国内快递行业的数量增速惊人，如火如荼的网络经济更是不断催生全新的民营快递企业建立，但是目前快递行业也存在着产业发展能力不足的问题。

2. 快递企业经营管理落后，竞争力低

目前，国内快递市场由中国邮政部门控制 40%份额，其余由民营和港资快递企业占据。民营企业中，一批像顺丰、申通、宅急送等已具有影响的大中型优秀快递企业已经茁壮成长，但为数尚少。快递企业的徽标见图 1-2。

图 1-2　快递企业的徽标

大多数民营快递企业则表现出小、散、弱等问题，互信度和协调性较差，以地区性快递业务为主。在国际快递市场上，虽然中国邮政 EMS（邮政特快专递服务）控制了一小部分国际快递市场，但民营快递企业以间接方式将国际快件转入 DHL（敦豪航空货运公司）、FedEx（联邦快递）、TNT（天地快递）和 UPS（联合包裹服务公司）

四大网络，对外进行销售，实际上仍依赖四大网络的渠道。

3. “灰色快递”搅乱市场，竞争无序

近年来，我国快递货物运量以年均20%左右的速度增长，快递业务发展如同雨后春笋，“地下快递”非法经营活动，严重干扰了快递市场的正常秩序。一是超范围经营信件类物品的快递业务。二是“地下经营”成本低，无消费保障。三是唯利是图，缺乏服务意识。四是人员素质方面，由于国内快递行业进入门槛低，经营竞争激烈，利润率低，因此国内快递行业从业人员的知识层次普遍较低，严重影响了服务质量，降低了与外资同行竞争的能力。

4. 跨国快递公司加速抢滩，争夺市场

中国经济持续稳定发展以及潜力巨大的国内快递需求，使四大国际快递公司非常看好中国未来的快递市场。四大国际快递公司进入中国速递市场，其目标不是短期赢利，而是更看重长期回报。因此，各公司均将扩大市场占有率作为近期发展的主要目标。

三、快递行业相关岗位的工作内容（见表1-2）

表1-2　快递行业相关岗位的工作内容

快递相关岗位	工作内容
快递业务员	1. 完成上级下达的销售回款与工作目标 2. 在所辖的县级市场完成乡镇市场的分销与县级市场的铺货陈列等工作 3. 按计划及要求拜访客户，并填报经销商拜访跟踪表与终端拜访表 4. 按要求建立客户档案，并保持良好的客情关系 5. 收集市场动态与竞品信息，及时上报上级领导 6. 进行市场调查，发现有市场潜力的地区和客户 7. 按规定与要求张贴公司推出的各种宣传品 8. 完成上级领导交给的其他工作任务
快递送货员	1. 负责区域内取、派件工作，确保客户及时无误收货、发货及货款的及时返回 2. 严格执行业务操作流程，准时送达物品，指导客户填写相关资料并及时取回 3. 整理并呈递相关业务单据和资料
客服员	1. 接受并处理咨询，客户的下单，货件查询及投诉 2. 受理客户特殊指令，跟进货物状态 3. 协助销售跟进大客户
司机	1. 熟悉各个地方的路况，保护好交接过程中的货物 2. 负责车辆日常维护和保养
分拣员	1. 每天准时、准确完成组长安排的拣货任务 2. 做好设施设备维护与卫生工作

续　表

快递相关岗位	工作内容
仓管员	负责物品入库、在库、出库的相关管理
信息员	1. 负责速递投递信息录入及录入质量管理 2. 负责快件投递质量的检查和监督

四、快递行业认知需准备的内容（见表 1 - 3）

表 1 - 3　　**快递行业认知需准备的内容**

项目	准备内容	
环境准备	设备/道具	电脑、电话、记号笔、笔记本、调查问卷
	主要涉及岗位角色	快递员
	软件	网络系统、办公软件
	涉及单据	快递单
制订计划	步骤一	了解快递的发展历程
	步骤二	熟悉快递行业的发展现状
	步骤三	熟悉快递相关岗位的工作内容
	步骤四	了解快递企业与物流企业的区别

任务实施

步骤一：了解快递的发展历程

了解一个行业，首先对这个行业的发展历程要有一定的认知。其实在我国古代很早就有了快递，早期的快递和现代的快递见图 1 - 3、图 1 - 4。

图 1 - 3　早期的快递

图 1-4　现代的快递

查找相关资料，想一想，现代快递与早期快递在快递种类、服务对象、递送物品、承载工具、效率等方面有哪些不同，把答案填在表 1-4 中。

表 1-4　早期和现代的快递比较

	早期快递	现代快递
种类	马递和急脚递	
服务对象	朝廷和官府（普通百姓基本无缘）	
递送物品	官府文书	
承载工具	马和人力	
效率	速度慢	

步骤二：熟悉快递行业的发展现状

在了解快递行业的发展历程，同时也要清楚快递行业的发展现状。按照所有制形式来分，我国快递企业主要分外资快递企业、国有快递企业和民营快递企业三大类市场主体。

目前，外资快递企业和国有快递企业所包括的内容一般见图 1-5，查阅相关资料，了解民营快递种类及特点。

外资快递企业

包括联邦快递（FedEx）、敦豪（DHL）、天地快运（TNT）、联合包裹（UPS）、高保物流（GLEX）等具有丰富的经验、雄厚的资金以及发达的全球网络

国有快递企业

包括中国邮政（EMS）、民航快递（CAE）、中铁快运（CRE）等，国有快递企业依靠其背景优势和完善的国内网络而在国内快递市场处于领先地位

民营快递企业

包括顺丰、申通、圆通、中通、汇通、天天快递等。我国民营快递大概产生于1990年以后，每年的业务量以60%～120%的速度递增

图 1－5　我国快递企业的主体

由于运输方式和对象的不同，通常分为不同的快递服务种类（见表 1－5）：

表 1－5　快递服务的种类

分类标准	类型	特点
按照运输方式分类	航空快运	由于运输方式的快捷，已经成为快运的最常用方式之一
	公路快运	是目前运输量最大的快运方式
	铁路运输	运量大、安全、准时
	水路快运	适合大宗物品的运输，尤其是有时间紧迫性需求的大宗特殊物品的运输
按照服务对象分类	特快专递	门到门或桌到桌服务，速度更快，多是紧急的小物品，以文件和小包裹为主
	普通快递	速度和安全系数都一般，适合一般物品

了解了我国快递业的三大主体、近几年来的业务数据、业务种类，现在来总结一下近年来，我国快递行业的发展趋势和不足之处（见表 1－6）：

表 1－6　我国快递行业发展趋势与不足

项目	主要内容
我国快递行业的发展趋势	市场规模将逐步扩大，发展速度明显加快
	行业竞争性增强，出现兼并重组现象
	关联行业跨行进入，行业竞争更加激烈
	空运能力不断增强，运输能力不断提升

续 表

项目	主要内容
我国快递行业的不足	服务不规范
	国内快递公司增长过快，发展不足
	快递企业经营管理落后，竞争力低
	“灰色快递”搅乱市场，竞争无序

除了以上所述，想想还有哪些不足，填在表 1-7 中。

表 1-7　我国快递行业发展的不足之处

项目	其他内容
我国快递业的不足	

快递业是服务业的重要组成部分，是新兴产业。它加速了地区间经济的联系和沟通，是促进地区经济共同协调发展的纽带和桥梁。目前，我国快递业务主要集中在长江三角经济区、珠三角经济区、环渤海经济区、京津翼经济区、海峡西岸经济区五大经济区域。

步骤三：熟悉快递相关岗位的工作内容

走访身边的几家快递企业，画出快递企业的业务流程（见图 1-6），并完成以下内容（见图 1-7、表 1-8）：

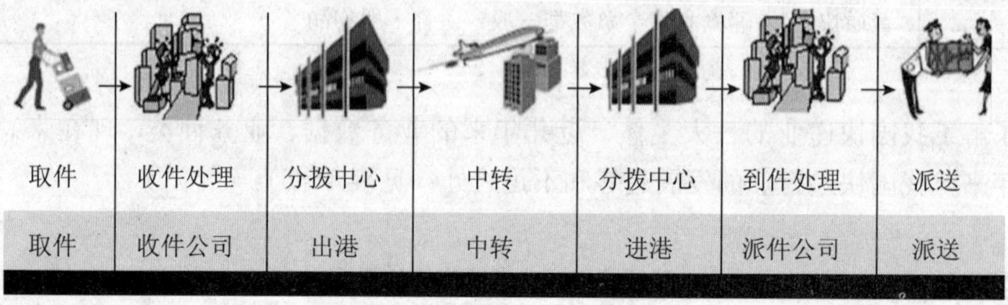

图 1-6　企业的业务流程

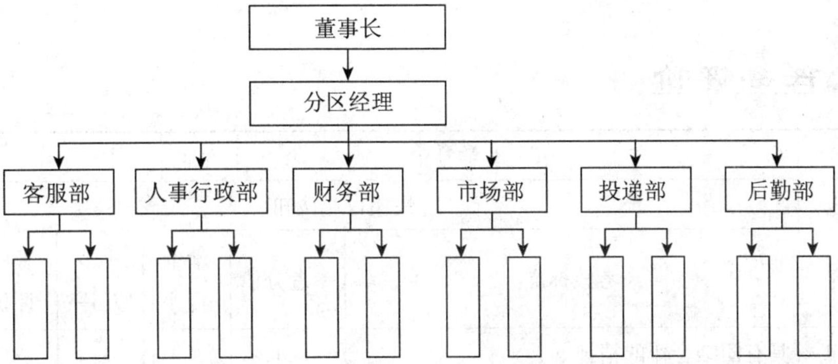

图 1-7　快递企业的业务流程

表 1-8　快递相关岗位及岗位职责

主要岗位	岗位职责
业务员	
送货员	
司机	
客服	
分拣员	

步骤四：了解快递企业与物流企业的区别

对于快递企业我们已经了解了许多，但是它和物流企业有什么区别呢？

查找相关资料，想想快递企业与物流企业有哪些不同，完成表 1-9。

表 1-9　快递企业与物流企业的区别

	快递企业	物流企业
服务对象		
运输对象		
运量	大	小
运输方式	公路、火车、飞机	公路、水路、航空、铁路
收费标准		
送货速度	快	慢

任务评价

姓名			学号		专业			
任务名称	快递行业认知							
考核内容		考核标准	参考分值	学生自评	小组互评	教师评价	考核得分
职业素养	1	具有团结合作的精神	10				
	2	完成工作任务时认真负责的态度	10				
理论知识评价	3	熟悉快递行业的概述	10				
	4	了解快递行业的发展现状	10				
	5	熟悉快递相关岗位的工作内容	10				
技能操作评价	6	能够介绍快递企业的组织结构及岗位内容	10				
	7	熟悉和了解快递行业的发展现状	20				
	8	快递企业信息收集到位	20				
总得分			100				

任务拓展

对周围几家快递企业进行调研，并撰写快递行业发展的调研报告（见表1－10）：

表1－10　　快递业发展调研报告

作者	时间	地点
前言		
一、调研结果		
二、改进措施		
三、总结		
参考文献		

任务资料

顺丰快递的发展历程

1993年，顺丰速运诞生于广东顺德。自成立以来，顺丰始终专注于服务质量的提升，不断满足市场的需求，在中国大陆、香港、澳门、台湾建立了庞大的信息采集、市场开发、物流配送、快件收派等业务机构及服务网络。顺丰速运有限公司是国内领先的民营速递企业之一，主要经营国际、国内快递及报关、报检、保险、货物监装与仓储等业务。

与此同时，顺丰积极拓展国际件服务，除开通中国大陆、香港、澳门和台湾外，顺丰目前已开通美国、日本、韩国、新加坡、马来西亚、泰国、越南、澳大利亚等国家的快递服务。

截至2014年7月，顺丰已拥有近29万名员工，1.2万多台运输车辆，15架自有全货机及遍布中国大陆、海外的9100多个营业网点。

图1-8 顺丰速递

顺丰在中国大陆目前已建有2200多个营业网点，覆盖了中国大陆32个省、自治区和直辖市，近250个大中城市及1300多个县级市或城镇。

1993年，顺丰在香港特别行政区设立营业网点，目前营业网点覆盖了18个行政区中的17个（离岛区暂未开通）。

2007年，顺丰在中国台湾设立营业网点，覆盖了台北、桃园、新竹、台中、彰化、嘉义、台南、高雄等主要城市。

2010年，顺丰在新加坡设立营业网点，覆盖了新加坡（除裕廊岛、乌敏岛外）的全部区域。

2011 年，顺丰在韩国设立营业网点，覆盖了韩国全境。

2011 年，顺丰在马来西亚设立营业网点，覆盖了马来西亚全境。

2011 年，顺丰在日本设立营业网点，覆盖了日本全境。

2012 年，顺丰在美国设立营业网点，覆盖了全美国 50 个州（目前已开通中国香港、中国澳门、中国台湾、新加坡、马来西亚、韩国、日本出口至美国的服务）。

二十多年来，顺丰持续加强基础建设，积极研发和引进具有高科技含量的信息技术与设备，不断提升作业自动化水平，不断优化网络建设，实现了对快件产品流转全过程、全环节的信息监控、跟踪、查询及资源调度工作，确保了服务质量的稳步提升。

项目小结

通过四个步骤的任务实施，使我们了解到快递企业与物流企业的区别，掌握快递企业的相关的组织结构、行业现状、工作环境、业务类型等相关内容，加深对快递行业的认知，为下一个项目的学习打下了良好的基础。

实训练习

一、单选题

1. 下列工作内容中属于司机的工作有（　　）。

A. 在所辖的县级市场完成乡镇市场的分销与县级市场的铺货陈列等工作

B. 严格执行业务操作流程，准时送达物品，指导客户填写相关资料并及时取回

C. 进行市场调查，发现有市场潜力的地区和客户

D. 熟悉各个地方的路况，保护好交接过程中的货物

2. 下列图片显示的信息中，快递类运输业务中向客户反馈货物在途信息的应在（　　）环节完成。

A. 业务受理　　B. 装车发运　　C. 在途跟踪　　D. 到达卸货

3. 下列图片显示的快递企业信息中属于国有快递企业的是（　　）。

A. 汇通快运　　B. YTO 圆通速递 EXPRESS　　C. 中国邮政 CHINA POST　　D. STO 申通快递 SHENTONG EXPRESS

4. 下列对快递行业的发展现状描述正确的是（　　）。

A. 国内快递公司增长过快，发展不足

B. 行业竞争性增强，出现兼并重组现象

C. 关联行业跨行进入，行业竞争更加激烈

D. 空运能力不断增强，运输能力不断提升

5. 属于我国快递行业的发展趋势有（　　）。

A. 跨国快递公司加速抢滩，争夺市场

B. 行业竞争性增强，出现兼并重组现象

C. 快递企业经营管理落后，竞争力低

D. “灰色快递”搅乱市场，竞争无序

二、判断题

1. “灰色快递”就是外包装颜色是灰色的快递。（　）

2. 按规定与要求张贴公司推出的各种宣传品属于客服员需要完成的工作内容。（　）

3. 航空快运由于运输方式的快捷，已经成为快运的最常用方式之一。（　　）

4. 快递业是指承运方通过铁路、公路、航空等交通方式，运用专用工具、设备和应用软件系统，对国内、国际及港澳台地区的快件揽收、分拣、封发、转运、投送、信息录入、查询、市场开发、疑难快件进行处理，以较快的速度将特定的物品运达指定地点或目标客户手中的物流活动。（　　）

5. 我国快递业务主要集中在长江三角经济区、珠三角经济区、环渤海经济区、京津翼经济区和海峡西岸经济区五大经济区域。（　　）

三、简答题

1. 简述快递行业的发展现状。

2. 简述快递相关的岗位。

3. 简述快运与普运的具体内容和主要区别。

4. 简述快递业务员的主要工作内容。

5. 简述进行快递行业认知制订计划的步骤。

答案：

一、单选题

1. D　2. C　3. C　4. A　5. B

二、判断题

1. ×　2. ×　3. √　4. √　5. √

三、简答题（略）

项目二　快件接单

通过项目二的学习能够使学生了解快递服务的含义，熟悉快递服务的特点、快递服务的总则，了解快递公司的经营范围和主要业务，从而使学生能够判断是否属于禁限寄物品、时效是否在服务范围内，能够正确预约取件时间进而能够规范完成快件接单任务。

学习目标

● **知识目标**

了解快递服务的含义；

熟悉快递服务的特点；

熟悉快递服务的总则；

了解快递公司的经营范围和主要业务。

● **能力目标**

能够判断是否属于禁限寄物品；

能够判断时效是否在服务范围内；

能够正确预约取件时间。

● **情感目标**

与客户保持良好的沟通与协作，为客户开展优质的服务；

培养学生服务的意识和吃苦耐劳的精神。

任务导入

小美是一名小马快递公司新入职的快递员，早上她接到一个客户刘先生打来的寄件电话，刘先生要寄一箱食品到其他城市，希望能次日达，小美需要判断能否接下这个快递寄达任务。她该怎么去判断呢?

任务分析

针对本任务，分析相关内容如下：

一、快递服务

快递服务（express service；courier service）快速收寄、运输、投递单独封装的、有名址的快件或其他不需储存的物品，按承诺时限递送到收件人或指定地点并获得签收的寄递服务（见图 2－1）。

图 2－1 快递服务

快递服务的总则包括以下几方面。

1. 时效性

快件投递时间不应超出快递服务组织承诺的服务时限。

2. 准确性

快递服务组织应将快件投递到约定的收件地址和收件人。

3. 安全性

快递服务的安全性主要包括：

（1）快件不应对国家、组织、公民的安全构成危害；

（2）快递服务组织应通过各种安全措施保护快件和服务人员的安全，同时在向顾客提供服务时不应给对方造成危害；

（3）除依法配合国家安全、公安等机关需要外，快递服务组织不应泄露和挪用寄件人、收件人和快件的相关信息。

4. 方便性

快递服务组织在设置服务场所、安排营业时间、提供上门服务等方面应便于为顾客服务。

二、快递公司的经营范围和主要业务

快递公司的经营范围主要有以下几个：

（1）物流配送、快件收派；

（2）寄递业务（信件和其他具有信件性质的物品除外），货运代理；

（3）配送服务、第三方物流和仓储服务、代收货款；

（4）人工装卸、物流信息咨询；

（5）国内速递、国际速递、合同物流、快货；

（6）国内快递（邮政企业专营业务除外），普通道路货物运输代理，从事货物及技术的进出口业务等；

（7）代收货款、仓储服务、包装服务；

（8）国内公路零担运输业务；

（9）国内快递、国际快递、物流配送与仓储、电子商务配送、代收货款、签单返回、到付、代取件、区域时效件；

（10）国内航空快件业务；

（11）速递服务；

（12）国际快递业务；

（13）公路运输、航空货运代理、城际配送。

三、快递接单需准备的内容（见表 2-1）

表 2-1　　快递接单需准备的内容

项目	准备内容	
环境准备	设备/道具	电脑、电话、记号笔、笔记本
	主要涉及岗位角色	快递员
	软件	网络系统、办公软件
	涉及单据	快递单
制订计划	步骤一	熟悉公司的经营范围
	步骤二	了解公司的产品
	步骤三	了解本人的接件范围
	步骤四	告知客户取件时间

任务实施

步骤一：查询公司的经营范围

小美查看相关资料得知：小马快递公司的主要业务范围见图 2-2。

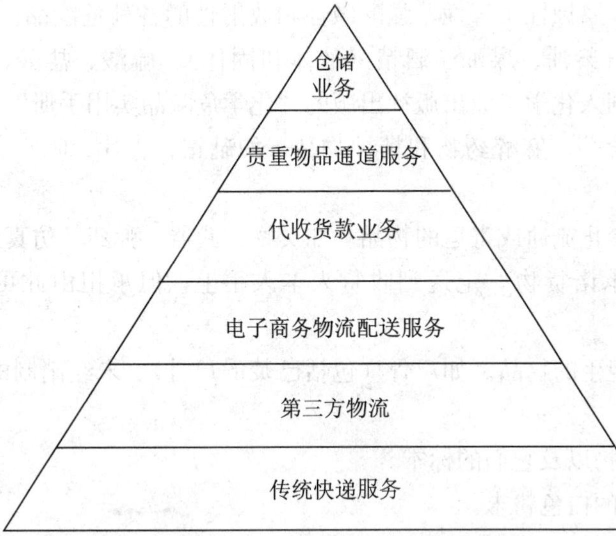

图 2－2　小马快递公司的业务范围

而主要的服务范围有同城快递、国内异地快递、国际快递三种快递类型。现将这三种快递类型作对比，补全表 2－2 内容：

表 2－2　　3 种不同类型快递比较

	定义	特点	时效	其他
同城快递	指寄件人和收件人在国内同一城市的快递服务			
国内异地快递	指寄件人和收件人在国内不同城市的快递服务			
国际快递	指寄件人和收件人分别在中国和其他国家或地区的快递服务			

步骤二：判断是否属于禁限寄物品

小美询问刘先生，刘先生邮寄的是一箱食品，而该公司邮寄的违禁品主要有以下物品：

（1）贵重物品：金砖、银条、现金、铂金等。

（2）可议付的物品：信用卡、电话卡、车票、支票、非现金票证、空白的旅行票证等。

（3）古董和工艺品：如明代的瓷器、精致的玻璃制品等。

（4）医学样品：诊断样品、血样、尿样、人体组织等。

(5) 易燃易爆、腐蚀性、毒性、强酸碱性和放射性的各种危险品。如火柴、雷管、火药、爆竹、汽油、柴油、煤油、酒精（液体和固体）、硫酸、盐酸、硝酸、有机溶剂、农药以及其他列入化学工业出版社出版的“化学危险品实用手册”中的化工用品。

(6) 各类烈性毒药、麻醉药物和精神物品。如砒霜、鸦片、吗啡、可卡因、海洛因、大麻等。

(7) 国家法令禁止流通或寄运的物品。如文物、武器、弹药、仿真武器等。

(8) 公司无法承诺货物一定送到收货人本人手上，但承担由此可能带来的遗失风险。

(9) 妨碍公共卫生的物品。如尸骨（包括已焚的尸骨）、未经硝制的兽皮、未经药制的兽骨等。

(10) 动物、植物以及它们的标本。

(11) 难以辨认的白色粉末。

(12) 液体类：海鲜、含酒精的饮料（啤酒、白酒等）、水剂等。

(13) 易碎品：玻璃制品。

所以，该物品属于公司的服务范围。

步骤三：判断时效是否在服务范围内

刘先生希望异地快件能次日达，可知其时效为次日达，也称今发明至，即今天寄件次日送达目的地客户手中，时效定义：以寄件时间（北京时间）为准，最晚在48小时内递送到目的地客户手中。该物品是从北京邮寄到天津的，临近城市，次日达可以实现，但费用较高一点，所以属于公司的时效范围内。

步骤四：预约取件时间

小美告知刘先生，公司可以接收此业务，但是费用要高点，并告知刘先生可能到达时间，争取准时安全送达。

任务评价

姓名			学号		专业		
任务名称		快件接单					
考核内容		考核标准	参考分值	学生自评	小组互评	教师评价	考核得分
职业素养	1	具有团结合作的精神	10				
	2	完成工作任务时认真负责的态度	10				

续　表

姓名			学号		专业		
任务名称		快件接单					
考核内容		考核标准	参考分值	学生自评	小组互评	教师评价	考核得分
理论知识评价	3	熟悉公司的经营范围	10				
	4	了解公司的业务	10				
	5	了解快递服务的概述	10				
技能操作评价	6	准确判断寄达地是否在公司服务范围	10				
	7	准确判断客户需要的寄送时效能否满足（了解公司的产品）	20				
	8	准确判断取件地址是否在快递员的取件范围	20				
总得分			100				

任务拓展

廖凡是飞远快递公司的新入职员工，早上他接到一个王女士打来的寄件电话，王女士要寄一部手机到同城的李雪，希望能当日达，廖凡需要判断能否接下这个快递寄达任务。他该怎么去判断呢？

任务资料

各大快递公司网址一览表

各大快递企业	网站
DHL	http：//www. cn. dhl. com/zh. html
联邦快递	http：//www. fedex. com/cn/
UPS	http：//www. ups. com/
TNT 国际快递	http：//www. tnt. com/express/zh _ cn/site/home. html
EMS	http：//www. ems. com. cn/
顺丰	http：//www. sf－express. com/cn/sc/
申通	http：//www. sto. cn/
圆通	http：//www. yto. net. cn/cn/index/index. html

续 表

各大快递企业	网站
韵达	http：//www. yto. net. cn/cn/index/index. html
中通	http：//www. zto. cn/
宅急送	http：//www. zjs. com. cn/
百世汇通	http：//www. htky365. com/
天天快递	http：//www. ttkdex. com/

项目小结

通过如下步骤我们进行任务实施：步骤一，熟悉公司的经营范围；步骤二，了解公司的产品；步骤三，了解业务员的接单范围；步骤四，告知客户取件时间。从而使学生能够判断所接物品是否属于禁限寄物品，能够判断时效是否在服务范围内，能够正确预约取件时间进而能够规范完成快件接单任务。

实训练习

一、单选题

1. 快件收取的一般流程是（　　）。

①接收取件信息　②收件准备工作　③上门收件　④运单填写　⑤称重计费　⑥货物检查　⑦快件运回　⑧运单粘贴　⑨运费收取

A. ②①③⑥④⑤⑨⑧⑦　　B. ①②③⑥④⑤⑨⑧⑦

C. ②①③⑥④⑤⑨⑦⑧　　D. ①②③⑥④⑤⑨⑦⑧

2. 下列货物中，不能使用快递运输的货物有（　　）。

A. 　B. 　C. 　D. 

3. 下列货物中，能使用快递运输的货物有（　　）。

A. 　B. 　C. 　D. 

4. 下列不属于快递服务的总则的有（　　）。

A. 时效性　　B. 准确性　　C. 快速性　　D. 安全性

5. 下列不属于快递公司经营范围的内容有（　　）。

A. 寄递业务（信件和其他具有信件性质的物品除外），货运代理

B. 国内快递（邮政企业专营业务除外），普通道路货物运输代理，从事货物及技术的进出口业务等

C. 国内快递、国际快递、物流配送与仓储、电子商务配送、代收货款、签单返回、到付、代取件、区域时效件

D. 公路运输、航空货运代理、城际配送、管道输送石油和天然气

二、判断题

1. 方便性是指快递服务组织在设置服务场所、安排营业时间、提供上门服务等方面应便于为顾客服务。（　）

2. 易燃易爆、腐蚀性、毒性、强酸碱性和放射性的各种危险品可以经过处理后使用快件寄递。（　）

3. 除依法配合国家安全、公安等机关需要外，快递服务组织不应泄露和挪用寄件人、收件人和快件的相关信息。（　）

4. 同城快递是指寄件人和收件人在国内同一城市的快递服务。（　）

5. 快递服务是指快速收寄、运输、投递单独封装的、有名址的快件或其他不需储存的物品，按承诺时限递送到收件人或指定地点并获得签收的寄递服务。（　）

三、简答题

1. 简述快递服务的总则。

2. 简述快递服务安全性的主要内容。

3. 简述快递公司的经营范围和主要业务。

4. 简述快递接单制订计划的步骤。

5. 简述快件收取的一般流程。

答案：

一、单选题

1. A　2. D　3. C　4. C　5. D

二、判断题

1. √　2. ×　3. √　4. √　5. √

三、简答题（略）

项目三　快件收取

通过项目三的学习，使学生明白了快件收取的全过程，其中包括上门取件、禁限寄物品的识别、规范服务用语的使用、快件的合理包装、快件运费的计算以及快递运单的填写，这在我们的快递服务中是非常重要的，掌握的熟练程度会直接影响客户对我们的印象，因而要重点熟练掌握。

学习目标

- **知识目标**

能描述快递运单填写规范要求；
能描述快递行业违禁品相关知识；
能描述快递货物接收流程；
能描述快递货物到件验收的具体要求；
能描述快递包装的具体办法和要求。

- **能力目标**

能正确辨别所寄递物品是否符合邮寄标准；
能根据客户托寄物品，合理包装物品；
能准确及时将快件运送目的地。

- **情感目标**

养成严谨的工作态度和良好的工作责任心；
培养工作中吃苦耐劳的精神。

任务一　上门取件

任务导入

小刘是长风快递的一名快递员，清晨，他接到总部客服发来的简讯，通知上午11点前去王女士公司领件。那么，在出发之前，小刘都要做哪些准备，都需要带哪些工具呢？该使用什么样的礼貌用语呢？

任务分析

针对本任务，分析相关内容如下。

一、上门取件概述

上门取件指在接收到客户的通知取件资讯后，第一时间安排收派员上门办理货物托运，“门到门”服务的一种个性化服务方式（见图 3－1）。

图 3－1　上门取件

1. 快件收取的流程

快递员上门取件流程（见图 3－2）。

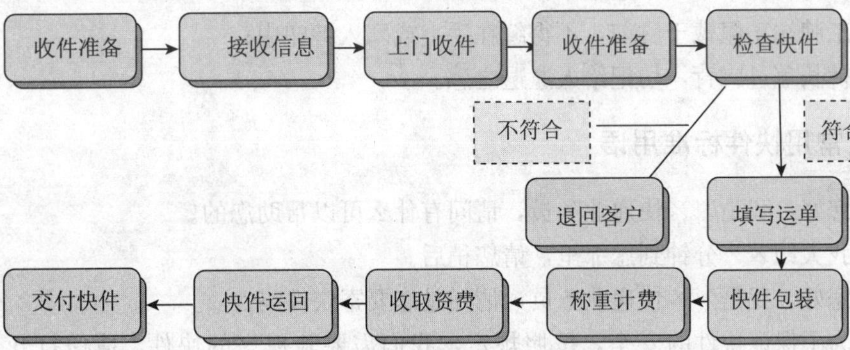

图 3－2　快递员上门取件流程

2. 上门取件需准备的工具及注意事项

快递员上门取件所需物品（见表 3－1）。

表 3－1　快递员上门取件所需物品

取件工具分类	具体内容
操作设备准备	手机、PDA 扫描枪 操作所需工具：弹簧秤、卷尺、手机备用电池、大头笔、圆珠笔、美工刀、雨具、收派网兜、绑带
营运物料准备	运单：普通面单、特运面单、到付面单等 贴纸：易碎贴纸、贵重物品贴纸等 包装材料：文件袋、包装袋（特大、大、中、小号）、纸箱、少量填充物、胶带等
单证准备	收件所需：收据或发票、宣传单或价格表、零钱 个人证件：工牌、身份证、驾驶证、行驶证等
交通工具准备	确保交通工具的工作状况良好 确保交通工具的清洁，防止污染快件

注意事项：

（1）身穿公司统一制服，工服应洁净平整；

（2）保持面容头发洁净，心情愉快平和；

（3）禁止文身和暴露任何身体不雅标志；

（4）手腕除戴手表外，禁止佩戴夸张首饰；

（5）衣领应平整翻开，衣摆应束入裤内；

（6）保持鞋面干净，系紧鞋带；

（7）工牌端正佩戴于胸前，不得缠在手上或塞入裤兜中；

（8）裤长盖过脚背，切记给人邋遢之感。

二、常用快件标准用语

（1）您好，我是××快递业务员，请问有什么可以帮助您的。

（2）我大约××分钟到您那里，请您稍后。

（3）您好，我是××快递业务员，请问是您要寄快件吗？

（4）为了保证快件的安全，按照规定，我们需要验视您的快件，请您打开包裹，谢谢合作。

（5）对不起，这类物品属于禁寄物品（易燃、易爆、危险化学品等）。我们不能收寄，请谅解。

(6) 对不起，您的寄件地址超出了我们的派送服务范围，可能无法做到门对门服务。

三、国家对快递违禁品的相关规定

常见的快递违禁品及常见的危险品标识如下（见图3-3、图3-4）：

图3-3　快递违禁品标识

图3-4　常见危险品标识

在一个完整的快递收录过程中，快递员应有责任与义务对顾客投递的物品进行简单的鉴别与核查，见图 3-5。

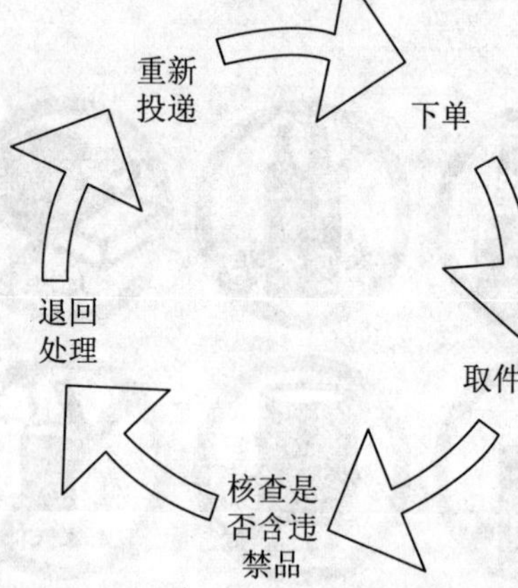

图 3-5 快递员核查违禁品流程

常见的禁运品及限运品介绍见表 3-2 及表 3-3。

表 3-2 禁运品

序号	危险品品种类别	
1	爆炸物	鞭炮、放烟筒、导火线、爆发钉、炸药（含黑火药）、雷管、烟花、摔炮、拉炮、发令纸等
2	气体	气雾剂、瓦斯气瓶、气体打火机、引火性烟雾气消化器、压缩酸素、液体氨、冷冻用瓦斯类、深冷液化瓦斯（RCL）等
3	易燃液体	汽油、油漆、印刷墨、香料、灯油、酒精、黏合剂、双氧水等
4	易燃固体	磷、石棉、安全火柴、硝纤象牙、磷、硫磺、活性炭、硫化钠、金属催化剂、钙、碳化物、镁、钡、碱土金属合金等
5	氧化物和有机过氧化物	碘、乒乓球、化学氧气发生器、过氧化水素水、盐素酸盐类、硫酸氨肥料、甲醇、酮、酯氧化物（树脂或封印催化剂）等
6	毒性和传染性物质	血样、毒品、杀虫杀菌剂、消毒剂、染料、水银化合物、医药品、细菌、氰化物、砒霜、敌敌畏、病毒、医药用废弃物等
7	腐蚀物	酸类、双氧水等
8	其他危险品	干冰、放射性物品、安全气袋、磁性物质（电子喇叭、音响）部分化妆品、液体状态货物、金砖银条、货币、军火或武器弹药、动物、遗体（包括骨灰）、胶片、麻醉剂（违法的）、金属钠、镁、铝粉、法律或有关部门禁止的物品、可转让、流通的有价证券等

表 3-3　限运品

货物种类	批准证书	核发部门
烟草	烟草专卖品准运证	烟草专卖局
麻醉药品	麻醉品运输凭证	卫生部药政管理局
放射性物品	放射性剂量证明	卫生防疫站
酒	进口酒准运证、外运证	省酒类专卖管理局
音像制品光碟	音像制品运输传递证明	省社会文化管理委员会办公室

四、上门取件的准备内容（见表 3-4）

表 3-4　上门取件的准备内容

项目	准备内容	
环境准备	设备/道具	PDA 扫描枪、电话、大头笔、笔记本、卷尺、弹簧秤、零钱等
	主要涉及岗位	快递员
	涉及单据	快递单
制订计划	步骤一	了解取件人员准备取件工具
	步骤二	掌握取件的标准服务用语
	步骤三	判断快件是否属于违禁品
		如果出现违禁品，应对快件如何处理

任务实施

步骤一：准备取件工具并检查

小刘接到公司客服发来的简讯，通知他下午 3 点到高新四路某公司附近领件。在出发前，小刘需要先检查取件需带的各项东西是否齐全，没有准备好的工具需准备到位，检查内容见表 3-5。

表 3-5　取件工具核查

取件工具准备	具体内容
操作设备准备	检查手机，确保其处于通畅状态； 操作所需工具：弹簧秤、卷尺、手机备用电池、大头笔、圆珠笔、美工刀、雨具、收派网兜、绑带

续 表

取件工具准备	具体内容
营运物料准备	运单：普通面单、特运面单、到付面单等； 贴纸：易碎贴纸、贵重物品贴纸等； 包装材料：文件袋、包装袋（特大、大、中、小号）、纸箱、少量填充物、胶带等
单证准备	收件所需：收据或发票、宣传单或价格表、零钱； 个人证件：工牌、身份证、驾驶证、行驶证等； 交通工具准备：确保交通工具的工作状况良好、确保交通工具的清洁，防止污染快件

步骤二：取件时的标准服务用语使用

在到达高新四路某公司附近后，小刘打电话先询问王女士的具体位置："您好，打扰您了，我是长风快递公司的快递员，现在过来取件，但不知您的具体位置是在哪"，在问清楚王女士的所在位置后，小刘拿好工具、穿戴整齐，前往王女士所在地（见图 3－6）。

图 3－6　上门取件礼仪

来到目的地，小刘主动出示工牌，礼貌地与客户处的员工打招呼并进行自我介绍："您好！我是长风快递公司的快递员小刘，我是来收快件的。"在验收快件的途中，对快件轻拿轻放，取件结束后，主动微笑与客户道别，"谢谢您选择长风快递的服务，如有需要请随时致电我们，再见"，离开办公室时应把门轻轻带上。

步骤三：验视快件，并做好说明

小刘在验视快件时发现王女士的包裹中有一件衬衫，两本书和一包蜡烛。在查看了公司的相关规定后，小刘得知衣服、书本、蜡烛均属于公司的接收范围，快件是从北京丰台区高新四路寄往四川成都高新区的，也属于公司的送达线路，所以该快件在公司服务范围。

任务评价

姓名			学号		专业		
任务名称		上门取件					
考核内容		考核标准	参考分值	学生自评	小组互评	教师评价	考核得分
职业素养	1	具有团结合作的精神	10				
	2	完成工作任务时认真负责的态度	10				
理论知识评价	3	快递员取件工具及使用方法	10				
	4	取件标准服务用语	10				
	5	快递违禁品的判断及处理	10				
技能操作评价	6	取件工具准备齐全并正确使用取件工具	10				
	7	能够正确使用标准服务用语	20				
	8	准确判断物件是否属于违禁品	10				
	9	能够正确处理违禁品	10				
总得分			100				

任务拓展

王凯是飞远快递的一名快递员，今天早上他接到总部客服发来的简讯，通知上午11点前去王女士公司领取快递。然而当他到达公司后，却无法与王女士取得联系。这时，王凯应该怎么做好沟通呢？

任务资料

顺丰速运对违禁品托运的相关规定

一、全程经陆路运输的国内件禁止收寄物品

陆运快件违禁品	
1	各类武器、弹药。如枪支、子弹、炮弹、手榴弹、地雷、炸弹等
2	各类易爆炸性物品。如雷管、炸药、火药、鞭炮等

续 表

陆运快件违禁品	
3	各类易燃烧性物品。包括液体、气体和固体。如汽油、煤油、桐油、酒精、生漆、柴油、气雾剂、气体打火机、瓦斯气瓶、磷、硫磺、火柴等
4	各类易腐蚀性物品。如火硫酸、盐酸、硝酸、有机溶剂、农药、过氧化氢、危险化学品等
5	各类放射性元素及容器。如铀、钴、镭、钚等
6	各类烈性毒药。如铊、氰化物、砒霜等
7	各类麻醉药物。如鸦片（包括罂粟壳、花、苞、叶）、吗啡、可卡因、海洛因、大麻、冰毒、麻黄碱及其他制品等
8	各类生化制品和传染性物品。如炭疽、危险性病菌、医药用废弃物等
9	各种危害国家安全和社会政治稳定以及淫秽的出版物、宣传品、印刷品等
10	各种妨害公共卫生的物品。如尸骨、动物器官、肢体、未经硝制的兽皮、未经药制的兽骨等
11	国家法律、法规、行政规章明令禁止流通、寄递或进出境的物品，如国家秘密文件和资料、国家货币及伪造的货币和有价证券、仿真武器、管制刀具、珍贵文物、濒危野生动物及其制品等
12	包装不妥，可能危害人身安全、污染或者损毁其他寄递件、设备的物品等
13	各寄达国（地区）禁止寄递进口的物品等
14	古董（含仿品）和贵重易损工艺品
15	医学样品：诊断样品、血样、尿样、人体组织等
16	液体类：海鲜、含酒精的饮料（啤酒、白酒等）、蜂蜜、水剂等
17	难以辨认的白色粉末及未经正规包装、易发生破损泄漏的油漆、粉剂、涂料等
18	烟草类：超过两条（或400支）且未提供烟草准运证的

二、航空禁止收寄物品（包括“全程经陆路运输的国内件禁止收寄物品”的所有内容）

快递航空快件禁限寄的物品范围	
1	爆炸品：如炸药、烟花爆竹、雷管等所有在运输途中可能引起爆炸的物品
2	气体：如压缩气体、液化气体、深冷液化气体、加压溶解气体等（含储气罐体等）
3	易燃液体：如油漆、汽油、酒精类、机油、樟脑油、发动机启动液、松节油、天拿水、胶水、香水等所有可燃及在一定条件下可燃的液体

续　表

快递航空快件禁限寄的物品范围	
4	易燃固体、自然物质和遇水释放易燃气体的物质：如活性炭、钛粉、椰肉干、蓖麻制品、橡胶碎屑、安全火柴、黄磷（白磷）、赤磷、硫磺、硝化棉、镁粉、金属钙粉、钙合金物、金属钛粉、金属皓粉、浸油地麻/棉/质/纸及其制品等
5	氧化剂和有机过氧化物：如过氧化氢、过氧化钠、硝酸钾、三氧化铬等
6	毒性和传染性物质：各种可通过吞入/吸入/皮肤接触等进入人体后导致死亡或危害健康的物质。如毒药、有毒细菌/病毒/寄生虫/寄生菌/真菌等
7	放射性物质
8	腐蚀性物质：各种因接触而产生化学反应能够不同程度损伤接触的人体、物品、运输工具等，如蓄电池、碱性的电池液等
9	各种无法分辨成分的粉末
10	各种磁铁及带有较强磁性的物体
11	各种药品（注意与保健品的区别，保健品可适量收寄）
12	国家规定禁止民用运输的枪支、管制刀具、枪械等
13	各种反动报刊、书籍等
14	妨碍公共卫生的物品，如尸骨（含已焚化的尸骨）、未经硝制的兽皮、未经药制的兽骨等
15	各种不管是否有毒有害的液体
16	各种麻醉及精神类药品：如鸦片、可卡因等
17	各种国家法令禁止流通或寄递的物品
18	各种容易腐烂的物品（如海鲜）以及活体动物/植物等
19	其他可能威胁到航空飞行安全的物品

任务二　快件的包装

任务导入

李女士要寄一包衣物给在杭州上大学的女儿，她来到顺丰速递营业网点投递包裹。小张是顺丰速递的一名工作人员，他需要用到哪些工具，如何包装李女士的包裹呢，大家快来帮帮他吧！

任务分析

针对本任务，分析相关内容如下：

一、快件包装工具和包装材料

1. 快件包装的作用及特点

在运输行业中，包装的主要作用是使其适合运输，便于装卸和保护快件物品本身。快件包装是以运输和保护产品为主要目的，其特点是在满足物流要求的基础上使用的包装。

2. 快件包装工具及包装材料（见表 3 - 6）

表 3 - 6　　快件包装工具及包装材料

分类	项目	功能及优点	图示
包装工具	胶带	塑封包裹，主要对快递包装起到固定的作用	
	记号笔	填写包裹相关信息（如在外包装上需注明快递单号、始发地和目的地）	
	剪刀	裁剪包装材料	
包装材料	充气袋	对易碎快递物品起到固定、保护的作用（如红酒）	
	塑封袋	普通包裹外包装，对快递物品起着基本的保护，方便运输	
	文件袋	主要用于纸质文件的快递运输	

续 表

分类	项目	功能及优点	图示
包装材料	塑料填充物	用于脆弱易碎、怕震、怕压物品的运输，起到减震减压的作用	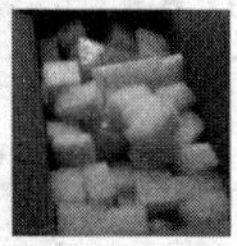
	纸箱	应用于零散快件整装或较大快件包装，起到方便运输的作用	

二、包装方法

1. 快件包装的原则与标准

（1）原则上，快递员必须当着客户面对所收快递进行最终包装。但实际操作中，由于条件限制不能对货物进行完美包装时，需对快件进行简易操作。

（2）检查快件包装，对顾客发运易碎物品的情况，需要向顾客说明潜在的风险及公司的免责范围，要求提高包装的适运性，并在外包装上粘贴“易碎”标示。

（3）纸质信封只装重量在200g 以内的纸质文件。

（4）需要用记号笔在外包装上注明单号、始发地和目的地。

2. 快件包装方法

（1）具体类型快件的包装方法（见表 3 - 7）。

表 3 - 7　　快件包装方法（根据类型划分）

分类	包装方法
常规包装	选择合适的文件封、塑料袋或纸箱。装箱时要压实货物，尽可能不留间隙，确保封口完好、密闭
特殊件的包装	在确保安全、牢固的前提下，可将不同规格的纸箱裁剪、拼装后进行包装
易碎易折件的包装	将易碎品放在包裹的中间位置，确保其没有接触到包裹的任何一侧。货物各个侧面均要填满防震材料。 内用泡沫塑料进行捆扎、填充、加固，箱内用硬质材料进行垫衬，确保货物固定不移动。箱外贴（易碎物品）标识
重物包装	选择厚实、牢固的包装材料，加固箱底、封口等处防止破损

（2）常见快件打包方法（见表3-8）。

表3-8　常见快件打包方法

打包方法	适用类型
“十”字形打包	适用于快件体积相对较小，且长宽高三边长相差不大的快件，可以是正方体、长方体、底面直径与高的长度相近的圆筒或形状不规则的偏圆的快件。在两个底面看到十字结构，其他四个面是1字结构
“廾”字形打包	适用于体积相对较大，且长度较长的快件。可以是长方体、粗长条、长圆筒形状的快件。快件的上下两底面呈廾字形，两个侧面为1字形，两个侧面为11字形
“井”字形打包	适用于体积很大的矩形快件。为了便于搬运和装卸，对快件做井字形状的打包。上下两底面呈井字形，四个侧面的打包带成两条平行线状

三、快件包装的检查方法

快递员需要对已经包装完毕的快件进行检查，确保快件安全运输，并且不影响到其他快件。那么，常见的快件包装的检查方法见表3-9。

表3-9　快件包装的检查方法

分类	方法
看	各交接环节对于拿到手的快件，应检查外包装是否有明显破损或撕裂，若有明显破损或撕裂，应按规定进行检查，不可以让其继续流向下一环节。如果经检查只是外包装破损，必须进行重新包装
听	用手摇晃快件，听是否有声音。如果有异常已破损的声音等，则需打开包装检查，不可放任不管而可能致使尖锐物在包装内窜动划伤快件
感	用手晃动快件，感觉寄递物品与包装物壁之间有无摩擦和碰撞。如有，则需要打开包装进行充实缓冲
搬	搬动一下快件，看是否有重心严重偏向一边或一角的现象，如有，则需要打开包装重新定位寄递物品在包装内的位置

四、快递包装准备内容（见表 3－10）

表 3－10　　快递包装准备内容

项目		准备内容
环境准备	设备/道具	胶带、记号笔、剪刀、充气袋、塑封袋、文件袋、塑料填充物、纸箱
	主要涉及岗位角色	快递员
制订计划	步骤一	结合实际情况，对快件类型作出准确判断
	步骤二	选择合适的包装材料及工具
	步骤三	检查快件包装是否符合标准

任务实施

步骤一：判断需要邮寄快件的类型

根据材料，小张判断李女士的快件是衣物，确定她需要哪种打包服务，并在表 3－11 中作出正确的选择。

表 3－11　　判断快件类型

快件包装类型	选择（在合适的类型后打“√”）
常规包装	√
特殊件包装	
易碎易折包装	
重物包装	

步骤二：根据快件类型选择合适的包装工具及材料

根据李女士的包裹类型，快递员小张所需要的包装工具及材料，见表 3－12：

表 3－12　　包装工具及材料的选择

分类	项目	选择（在需要的类型后打“√”）
包装工具	胶带	√
	记号笔	√
	剪刀	√

续 表

分类	项目	选择（在需要的类型后打"√"）
包装材料	充气袋	
	塑封袋	√
	文件袋	
	塑料填充物	
	纸箱	

步骤三：对快件进行包装

将衣物装入塑封袋，然后用胶带进行密封，见图 3－7：

图 3－7　衣物包装

任务评价

姓名			学号		专业			
任务名称		快件包装						
考核内容		考核标准	参考分值		学生自评	小组互评	教师评价	考核得分
职业素养	1	具有团结合作的精神	10					
	2	完成工作任务时认真负责的态度	10					
理论知识评价	3	熟悉快递包装工具及材料	10					
	4	掌握快件包装方法	10					
	5	掌握快件包装标准及检查方法	10					
技能操作评价	6	熟练使用包装工具	10					
	7	熟练进行包装作业（封箱，打包）	20					
	8	不同包装材料的正确使用	10					
	9	包装符合快件运输包装的要求	10					
总得分			100					

任务拓展

下个月就是李明的生日，王丽想要把家中收藏的一套茶具（见图 3－8）寄给李明作为生日礼物，她联系到长风速递公司上门取件。那么，作为一名快递员，您在接到订单后都需要哪些包装材料，选择什么样的包装方法，做哪些准备呢？

图 3－8 茶具

任务资料

顺丰快递快件包装要求

1. 包装基本的要求是箱子内要实，不能有空隙，标准是无晃动声并用力摁箱子的接缝口而不至于胶带脱落，同时需要考虑到货物从 2 米高度自然坠地不至于损坏。

2. 涉及空运物品的包装要特别加强，因为公路运输一般就 1～2 次装卸，而空运则可能会有 6～7 次的装卸过程。

3. 单件重量不超过 50 公斤；标杆类货物的单件长度不得超出 180 厘米；板类货物长宽相加不得超出 150 厘米；对于过小的物品最小包装不能小于运单大小。

4. 严格禁止子母包发运（指 2 个独立的物品通过简单捆绑、缠绕方式组合到一起成为一件物品）。

5. 一般不怕摔和软质的物品（衣物，包，毛绒玩具）可以采用塑料袋（PAK 袋）包装方式降低运输成本，但是要注意封口。

6. 所有的内件物品先用塑料薄膜或塑料纸先做一层包装。

7. 对于本来带有销售包装的物品，一般商家都已考虑到运输的风险，可以在外面加包一层发泡薄膜后再加 2～3 层牛皮纸并用胶带反复缠绕即可。

8. 自己包装时可以根据内件物品的不同情况选择 3 层或 5 层箱，为了降低成本可以通过团购的方式制定一批不同规格的纸箱。

9. 对于自己包装的一般物品，可以准备一些塑料泡沫填充物、废旧报纸等在箱内做垫充（用海绵活泡沫塑料碎片更好）。

10. 圆桶状物品的外包装不得短于内件，尺寸较长且易折断的物品应内衬坚实圆棍或硬质塑料的圆桶作为外包装物。

11. 对于书籍的包装如果不用箱子，建议捆绑包装。

12. 对于易碎物品的包装，需要特别处理，如果是分件的一定要分开包装，一般用发泡薄膜包4～5层，再用报纸在物品中间和箱体之间填充。如果体积比较大的或特别易碎物品及贵重物品（如玻璃器皿、显示器等）一定需要再加木框包装。

13. 对于液体物品还需要填充可以足够吸收所有液体的吸收物（布或棉花）。

14. 胶带一般在箱子的接缝处缠上2道，横向1～2条，同时在箱子的各个边缘角也要做塑封处理。

15. 超过0.1立方米或特别重（10千克以上）的箱子一定需要打包装带，可以打成井字形或丰字形。

16. 对于颗粒状物品务必先装入坚固的袋内再放置于包装箱中。

任务三　快件的称重计费

任务导入

周日上午，李先生带着已包装好的包裹来到某快递公司的营业中心，他希望把包裹寄给上海的表弟。肖毛是该公司工作人员，经过验视得知包裹中是一床鸭绒双人被，符合投递要求。接下来肖毛需要对快件进行称重计费，他应该怎么做呢？大家快来帮帮他吧！

任务分析

针对本任务，分析相关内容如下：

一、称重计费概述

作为一名快递员，首先应当熟知快件的称重计费流程（见图3-9）：

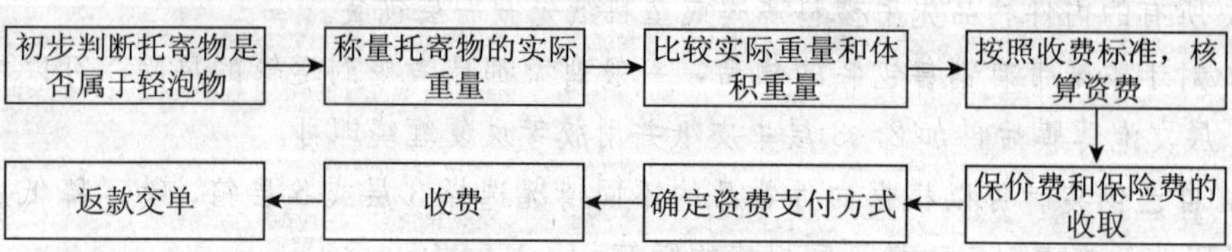

图3-9　称重计费流程

1. 判断托寄物是否属于轻泡物

轻泡物定义见表 3－13。

表 3－13　　轻泡物定义

定义一	定义二	定义三
指每立方米体积重量不足 333 千克的货物。其体积按货物（有包装的按货物包装）外廓最高、最长、最宽部位尺寸计算。（公路运输）	凡一千克重的货物，体积超过四立方分米的为轻泡货物（或尺码货物 Measurement Cargo）	物流中货物的体积重量大于实际重量的货物。（航空运输）长×宽×高/6000＝体积重量，长度单位：cm

2. 称量托寄物的实际重量

常用的称重工具：便携式手提电子秤、电子计重秤、叉车电子秤（见表 3－14）。

表 3－14　　常用称重工具介绍

分类 区别	手提电子秤	电子计重秤	叉车电子秤
图示			
优点	体积小，轻便、便于携带	测量较为精确	能够称量大型较重托寄物
缺点	误差较大	体积大，不便于携带	体积大
用途和场合	快递员随身携带	业务网点	物流中心、仓库、港口
使用方法	1. 开机：将电子秤悬挂，使其处于竖直状态，按“ON/OFF”键开机，显示窗显示（88888），约二秒钟后显示窗显示（0.00 或 0.000）此时手秤完成初始化，进入称重状态； 2. 称重：开机后，将物品挂于称钩，即显示称上物品重量值。当称上吊挂物品稳定（停止摇摆）后，物	1. 在计重秤体左侧插入：交流电源或 4 节 2 号电池；置计重秤于坚实平整的台面上，计重秤体放置部位应该要避免振动、空气流动激烈、阳光直射、温度或者湿度过高等情况； 2. 计重秤秤体时要确保四只脚全部可靠地支撑在台面上；	1. 叉车电子秤在使用时应做预热，提升动臂 5～10 次，是油压及传感器预热到正常工作温度； 2. 操作中，翻斗提升时，首先应控制动臂的操纵杆放在极后位置，即翻斗处于最后端； 3. 动臂系统应进行严格润滑，减少动臂的摩擦系数； 4. 选择较平坦的地面上进行称重；

续 表

区别＼分类	手提电子秤	电子计重秤	叉车电子秤
使用方法	品重量值被锁定，蜂鸣器发出锁定提示声并显示锁定标志（HOLD）。此时可按“ON/OFF”键解锁再次称重。称重时，所加物品重量（包括皮重）不得超过“20kg”，如果超过，将显示超载标志“Err”，并发出报警声； 3. 去皮/置零：当使用容器装散装物品称重时，可先将容器置于秤上，按“TARE”键，待重量窗显示零后再装入物品称重，就可得到物品的净重值。 单位转换：按“UNIT”键，电子秤在 kg（公斤）、lb（磅）、oz（安士）三个单位之间进行依次转换（1kg=2.2lb=35oz）	3. 安放秤盘的时候，请务必注意秤盘是否可能会与其他物品接触； 4. 按<ON/OFF>键开机后，计重秤就开始立即自检，用户可以通过自检，发现显示、零位是否正常。 去皮及称重：当使用容器装散装物品称重时，可先将容器置于计重秤秤体上，按<Z/T>键，待重量窗显示零后再装入物品称重，就可以得到物品的净重值	5. 提升动臂的过程应将速度控制均匀； 6. 车载停止行驶的情况下置零较好； 7. 称重过程避免车载行驶，如需行驶，应控制车速在10km/h左右； 8. 如配备多个翻斗时，称重时必须校正所使用的翻斗； 9. 电子秤开机前先启动车载，电子秤关闭后再关闭车载电源； 10. 清洗时避免水流入仪表，避免损坏
注意事项	每次开机自检时，电子秤应处于稳定状态； 在使用时应尽量避免猛烈碰撞和冲击； 若显示电量不足时，不能进行测量	不要超过最大称量范围，负载过重会损坏设备； 在常温下使用，避免过冷或过热环境； 置于电器附近可能会影响设备精确度	根据叉车电子秤使用说明进行操作

3. 比较快件的实际重量和体积重量

快件运费计算分为实际重量计费和体积重量计费两种计算方法，两者之间取大者为最终收费方式。

（1）一般物流公司将快件运输分为两大类：航空运输、陆路运输（见表 3-15）。

表 3－15　快件称重分类及计算方法

运输性质	快件属性	体积重量计算方法
航空运输	规则物品	长×宽×高（cm）/6000＝体积重量（kg）
	不规则物品	最长×最宽×最高（cm）/6000＝体积重量（kg）
陆路运输	规则物品	长×宽×高（cm）/12000＝体积重量（kg）
	不规则物品	最长×最宽×最高（cm）/12000＝体积重量（kg）

（2）快件的实际重量和体积重量（见表 3－16）。

表 3－16　快件重量分类

分类	实际重量	体积重量	计费重量
概念	指需要投递快件中，包括包装在内的实际总重量，即计重秤上直接读取的重量。分为毛重和净重	指所投递快件体积较大，实重较轻，而通过测量快件最大长宽高，利用规定的公式计算出来的重量	最终用于计算资费的重量

4. 按照收费标准核算资费

（1）快件计费重量。

快件计费重量分为实际重量计费和体积重量计费两种计算方法。两者之间取大者为最终计费重量。体积重量＝长度（cm）×宽度（cm）×高度（cm）/6000。

（2）首重与续重。

通常快件资费分为首重运费和续重运费。目前大多数快递企业都以第一个 1kg 为首重（或起重），每增加 1kg 为一个续重。通常首重的费用相对续重费用较高。

（3）通用运费计算公式。

运费计算方法为：首重运费＋（重量（kg）－1）×续重运费。

5. 确定资费支付方式

（1）现结。

现金客户在与客人确认金额后，并在运单上标明现结金额。

（2）月结。

与公司签订月结付款合同的长期客户，派送员在收取快件时，应核对月结账号，无误后直接收取，不需当时付款。

（3）到付业务。

货物的运费为收件方支付，且须使用到付专用面单。

二、快件称重计费的准备内容（见表 3－17）

表 3－17 快件称重计费的准备内容

项目	准备内容	
环境准备	设备/道具	手提电子秤、卷尺、纸、笔
	主要涉及岗位角色	快递员
制订计划	步骤一	用称重设备测量托寄物重量
	步骤二	用卷尺测量快件体积并计算体积重量，得到计费重量
	步骤三	根据计费重量和收费标准计算快件运费

任务实施

步骤一：测量托寄物重量

肖毛需要根据材料来选择正确的称重和测量工具，见表 3－18：

表 3－18 测量工具选择

分类	项目	选项（在正确的选项后打“√”）
称重工具	手提电子秤	
	电子计重秤	√
	叉车电子秤	
测量工具	卷尺	√
	皮尺	
	三角尺	

肖毛选择了电子计重秤，他将包裹放到秤上，称得包裹重约 1.62kg。

步骤二：测量快件体积并计算体积重量，得到计算费重量

肖毛用测量工具——卷尺测量包裹的尺寸，得出李先生托寄包裹的尺寸为：长 60cm、宽 35cm、高 25cm。

肖毛需计算李先生包裹体积重量，见表 3－19：

表 3－19 包裹重量计算

	实际重量	体积重量	计费重量
计算方法结果	1.62kg	最长×最宽×最高（cm）/6000＝体积重量（kg）	8.75kg

根据快件运费计算分为实际重量计费和体积重量计费两种计算方法。两者之间取大者为最终收费方式，1.62kg<8.75kg，又因第一个 0.5kg 为首重（或起重），每增加 0.5kg 为一个续重。因此四舍五入选择最终的计费重量为 8.8kg。

步骤三：根据计费重量和收费标准计算快件运费

接着肖毛根据快递公司提供的收费标准：首重 20 元、续重 6 元，李先生的包裹也无保价，计算李先生需要交纳的托寄费用为 69.8 元。

任务评价

姓名			学号		专业		
任务名称		快件的称重计费					
考核内容		考核标准	参考分值	学生自评	小组互评	教师评价	考核得分
职业素养	1	具有团结合作的精神	10				
	2	完成工作任务时认真负责的态度	10				
理论知识评价	3	熟悉称重设备的使用	10				
	4	掌握计费方式与计算方法	10				
	5	正确计算快件的计费重量	10				
	6	根据计费重量和收费标准，计算运费	10				
技能操作评价	6	正确使用称重设备	10				
	7	正确计算快件的计费重量	10				
	8	根据计费重量计算运费	20				
总得分			100				

任务拓展

来自深圳的王小姐是淘宝网的卖家，专卖不锈钢水龙头。今天上午来自北京客户订了 1 个精品水龙头，要求明天中午到货。该水龙头尺寸见图 3－10，长风快递公司的王瑶接收了快件后，准备采用长约 30cm、宽约 15cm、高约 10cm 的纸箱包装，实际重量为 0.5kg。根据长风快递公司提供的收费标准：首重 20 元、续重 6 元，王瑶需计算其资费。

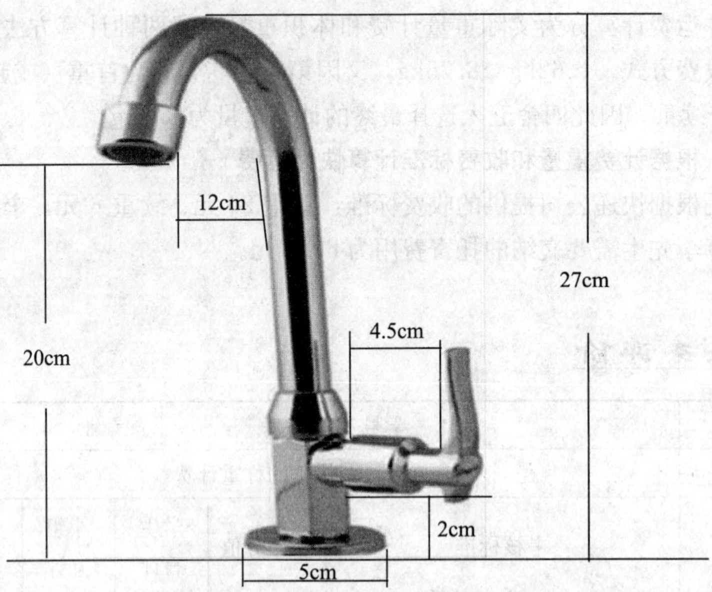

图 3-10 水龙头

任务资料

顺丰速运快件收费标准

国内门到站网络及报价

（10kg 以上货物予以优惠，免首重）

区域	目的地	首重 0.5kg	续重 0.5kg	10kg 以上	50kg 以上	100kg 以上	300kg 以上	到达时间（工作日）
山东	济南、青岛、淄博、烟台、潍坊、威海	15	5	10	8	7.5	6	次日
	胶州、临沂、龙口、文登、海阳、莱阳、枣庄、安丘、德州、东营、日照、胶南、滨州、诸城、莱州、招远、高密、即墨、济宁、泰安、聊城、滕州、临朐、吕乐、寿光、桓台、牟平、禹城、荷泽、新泰、曲阜	15	5	10	8	7.5	6	1~2 天
天津	天津（和平、河西、河东、南开、红桥、北辰、津南、西青、塘沽）、宝坻、大港、武清	15	5	10	8	7.5	6	1~2 天

续　表

区域	目的地	首重0.5kg	续重0.5kg	10kg以上	50kg以上	100kg以上	300kg以上	到达时间（工作日）
上海	杨浦、浦东、松江、徐汇、青浦、闵行、奉贤、嘉定、南江、金山、普陀、宝山、崇明、浦东机场、中部、梅陇、吴淞、陈行、罗泾、南翔	20	10	12	10	9	8	1～2天
浙江	杭州（康桥、余杭、下沙、留下、鼓埠）、萧山、桐庐、富阳、建德、临安、临平、湖州、德清、安吉、长兴、嘉兴、淳安、桐乡、平湖、海宁、海盐、嘉善、宁波、镇海、余姚、慈溪、象山、奉化、邱隘、宁海、舟山、绍兴、钱清、柯桥、上于、新昌、诸暨、嵊州、台州、椒江、玉环、温岭、临海、黄岩、仙居、路桥、天台、三门、温州、瑞安、乐清、苍南、永嘉、平阳、义乌、兰溪、浦江、东阳、永康、武义、丽水、衢州、龙游、江山、龙泉	20	10	12	10	9	8	1～2天
江苏	南京（浦口、六合、高淳、栖霞、江宁）、无锡、苏州、吴江、南遇、扬州、常州、锡山、宜兴、江阴、周庄、丹阳、扬中、镇江、句容、启东、如东、通州、观音山、海门、新沂、如皋、海安、仪征、江都、宝应、盐城、射阳、东台、徐州、楚州、盱眙、连水、淮阴、连云港、威墅堰、武进涔阳、金坛、向阳、张家港、常熟、太仓、昆山、泰州、泰兴、高港、高邮、靖江、姜堪、兴化、金湖、淮安、楚州、链水、响水、滨海、阜宁、建湖、大丰、邳州、新沂	20	10	12	10	9	8	1～2天

续 表

区域	目的地	首重 0.5kg	续重 0.5kg	10kg 以上	50kg 以上	100kg 以上	300kg 以上	到达时间（工作日）
安徽	合肥、天长、蚌埠、芜湖、铜陵、淮北、安庆、六安、宿迁、滁州、绩溪、马鞍山、枷城、淮南、黄山、宣城、阜阳、宿州、池州、亳州	20	10	14	12	10	9	2～3 天
广东	广州、花都、番禺、从化、海珠区、白云区、共浦区、东圃区、深圳、宝安	20	10	15	13	12	10	1～2 天
	惠州、汕头、江门、茂名、清远、高明、恩平、增城、湛江、珠海、佛山、中山、顺德、潮州、东莞、潮阳、阳江、开平、四会、台山、三水、揭阳、新会、澄海、鹤山、龙闵、韶关、云浮、博罗	20	10	15	13	12	10	2～3 天
福建	福州、厦门、集美、杏林、同安、泉州、晋江	20	10	15	13	12	10	1～2 天
	福安、长乐、福清、南平、莆阳、石狮、德化、南安、惠安、漳州、龙岩、三明、宁德	20	10	15	13	12	10	2～3 天
湖南	长沙	20	10	15	13	12	10	1～2 天
	株州、衡阳、邵阳、常德、益阳、岳阳、郴州、浏阳、邵东、湘潭	20	10	15	13	12	10	2～3 天
湖北	武汉	20	10	12	10	9	8	市内 1 天
	武昌、黄石、荆州、宜昌、仙桃、鄂州、随州、孝感、汉川、荆门、土堰、襄樊、咸宁、潜江	20	10	12	10	9	8	1～2 天
河南	郑州	20	10	12	10	9	8	市内 1 天
	新乡、洛阳、开封、安阳、南阳、焦作、漯河、三门峡、平顶山、驻马店、濮阳、信阳、周口、南丘、许昌、永城	20	10	12	10	9	8	1～2 天

续 表

区域	目的地	首重 0.5kg	续重 0.5kg	10kg 以上	50kg 以上	100kg 以上	300kg 以上	到达时间（工作日）
河北	石家庄、辛集、保定、满城、廊坊、定州、衡水、冀州、邯郸、沧州、秦皇岛、邢台、唐山、承德、容城、高碑店市	15	10	12	10	9	8	上午取次日到
江西	南昌、上饶、九江、章州、景德镇、抚州、萍乡、吉安、郭余	20	10	15	13	12	10	1~2天
四川	成都、绵阳、德阳、南充、乐山、自贡、宜宾、新津、郫县、新都、双流、泸州、广元、内江、攀枝花、达州、龙泉、西昌、广安、眉山、简阳、雅安	20	10	15	13	12	10	1~2天
辽宁	沈阳、丹东、鞍山、抚顺、锦州、大连、普兰店、营口、盘锦、本溪、辽阳、葫芦岛	20	10	12	10	9	8	1~2天
吉林	长春、吉林、延吉、四平、梅河口	20	10	12	10	9	8	1~2天
黑龙江	哈尔滨、牡丹江、漠河、鸡西、齐齐哈尔	20	10	12	10	9	8	1~2天
陕西	西安、咸阳、宝鸡、临潼、延安	20	10	15	13	12	10	1~2天
山西	太原、大同、运城、长治	20	10	12	10	9	8	1~2天
甘肃	兰州、无水	20	10	15	13	12	10	2~3天
青海	西宁	20	10	15	13	12	10	2~3天
宁夏	银川	20	10	15	13	12	10	2~3天
内蒙古	呼和浩特、包头	20	10	12	10	9	8	次日
广西	南宁、桂林、柳州、梧州、北海	20	10	15	13	12	10	1~2天
贵州	贵阳、遵义、毕节地区、城成县	20	10	15	13	12	10	1~2天
新疆	乌鲁木齐	20	15	25	18	15	13	2~3天
重庆	重庆（涪陵、巴南、北碚、万州）	20	10	15	13	12	10	1~2天
海南	海口	20	10	15	13	12	10	2~3天

续 表

区域	目的地	首重0.5kg	续重0.5kg	10kg以上	50kg以上	100kg以上	300kg以上	到达时间（工作日）
云南	昆明	20	10	15	13	12	10	2～3天
北京	市区（四环内）	6	5	7	5	4.5	4	次日
	（四环外）海淀、丰台、通州、石景山、大兴、房山、昌平、怀柔、顺义	10	6	8	6	5.5	5	次日
香港	香港	50	20	30	20	18	16	2～3天
台湾	台湾	80	40	60	55	50	40	2～3天

说明：

1. 到达时间自收件之日24：00起开始计算，如遇节假日顺延。
2. 轻泡货物按体积重量计算收费：长×宽×高/6000＝体积重量。
3. 本公司不能到达的区域，可以代为改寄EMS或DHL。
4. 如有特急件可直接与我公司联系，我公司将确保您的快件安全，准时地到达。
5. 本公司另处还可作30元以上到外地（除广州、东莞、杭州外）的对付业务。

任务四　快递运单填写与粘贴

任务导入

客户刘明将填好的快递运单交给顺丰快递公司的工作人员小王，小王需要检查客户填写的内容，填写自己该填写的内容并粘贴运单。他该怎么做呢？

任务分析

针对本任务，分析相关内容如下：

一、快递运单及相关概念

快递运单，又称快件详情单，是快递企业为寄件人准备的，由寄件人或其代理人签发的重要的运输单据。快递运单是快递企业与寄件人之间的寄递合同，其内容对双方均具有约束力。当寄件人以物品所有人或代理人的名义填写并签署快件运单后，即表示接受和遵守运单的背书条款，并受法律保护。快递运单的构成见表3－20。

表 3-20　　快递运单的构成

	分类	概念	内容
快递运单	正面寄递信息	对快件涉及信息的详细描述	寄件人信息、收件人信息、寄递物品性质、重量、资费、数量、寄件人签名、收件人签名、寄件日期、付款方式、业务员名或工号等内容
	背书条款	确定快递企业与客户之间权利、义务的主要内容。由快递企业和寄件人共同承认、遵守，具有法律效力，自签字之日起确认生效。收寄快件时，业务员有义务在寄件当时提醒寄件人阅读背书内容	查询方式与期限。客户和快递企业双方的权利与责任。客户和快递企业产生争议后的解决途径。赔偿的有关规定

快递运单操作填写流程见图 3-11。

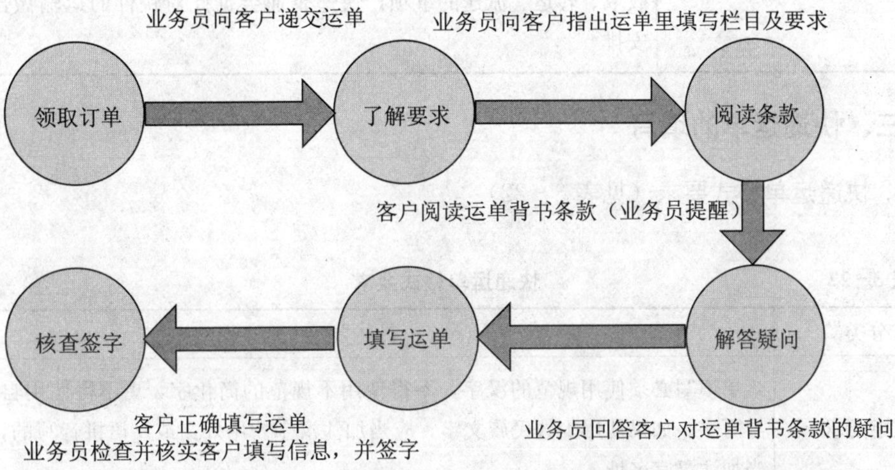

图 3-11　快递运单操作填写流程

二、快递运单的作用（见表 3-21）

表 3-21　　快递运单的作用

关系	注释
寄件人与快递企业之间的寄递合同	运单是寄件人与快递企业之间缔结的快件寄递合同，在双方共同签名后产生法律效力，在快件到达目的地并交付给运单上所记载的收件人后，合同履行完毕
快递企业签发的已接收快件的证明	快递运单也是快件收据，在寄件人将快件交寄后，快递企业就会将其中一联交给寄件人（寄件人存根），作为已经接收快件的证明，除非另外注明，它是快递企业收到快件并在良好条件下装运的证明
付费方式和快递企业据以核收费用的账单	快递运单记载着快递服务所需支付的费用，并详细列明了费用的种类、金额，因此可作为付费方的费用账单。其中存根联也是快递企业的记账凭证
出口的报关单证之一	在快件到达目的地机场进行进口报关时，快递运单通常也是海关查验放行的基本单证
快递企业安排内部业务的依据	快递运单随快件同行，证明了快件的身份。运单上载有有关该票快件收取、转运、派送的事项，快递企业会据此对快件的运输做出相应安排

三、快递运单的填写

1. 快递运单格式要求（见表 3-22）

表 3-22　　快递运单格式要求

分类	具体要求
文字要求	运单填写必须使用规范的汉字，不得使用不规范的简化字，更不得使用自造字、异写字。如果使用少数民族文字，应当加注汉字。用外文或汉语拼音写的，也应当加注汉字名址
书写要求	须在运单的正确位置填写各项内容。书写应使用黑色或蓝色笔，或打字机、针式打印机填写，确保各联所填写的内容一致，且从第一联到最后一联的字迹都能清晰辨认。禁止使用铅笔或红色笔书写。字迹要求工整，数字栏填写不能过大，不能压底线或超出运单方框的范围

2. 快递运单填写内容（见图 3－12、表 3－23）

SF EXPRESS 顺丰速运
为提供更便捷的寄递服务，请登陆我司网站或拨打全国统一服务热线 4008 111 111
Order.Enquiry & Complaint Hotline WWW.sf-express.com
全国服务监督电话 Service control Hotline (0755)8315 1111
755 517 225 090
第一联：本公司收件存根 1st Copy: S.F. Express

① 寄件人信息 Shipper information
客户编码 Customer Account No.
寄件公司 From　联络人 Contact Person
地址 Address
区号 Area Code　联系电话 Tel　签收短信通知MSG

② 收件人信息 Consignee Information
客户编码 Customer Account No.
收件公司 To　联络人 Contact Person
地址 Address
区号 Area Code　固定电话 Tel

③ 托寄物详细资料 Shipment Information
托寄物内容 Description of Goods　请确保每票托寄物价值不超过2万元，超过者请拆分至每票2万元以下分别托运。Please ensure the value per shipment is no higher than 20,000 yuan. If higher, please split the shipment into several, the value of each is lower than 20,000 yuan, and send separately.　数量 Quantity

④ 体积重量 Dimensional Weight
长L:　cm×宽W:　cm×高H:　cm =　6000或or 12000　KGS

⑤ 业务类型 Shipment Type
即日到 Same Day　普货 Cargo　四日件 Four-day
A标 A-label　陆运 Ground Delivery

⑥ 附加业务类型 Additional Service Type
代收货款 C.O.D　卡号 C.O.d A/C#　金额 Amount
签回单 Return Receipt Service　回单号 Return Tracking#
燃油附加费 Fuel surcharge　费用 Charge
夜晚收件 Evening Collection　费用 Charge
委托件 Authorization Pickup Service　费用 Charge
等通知派送 Delivery Upon Notice　费用 Charge
包装 Package　费用 Charge
其他 Other　1.特殊保价 Special offer　2.特殊配送 Special Delivery　3.其他个性化服务 Other personalized services　费用 Charge
保价 Val.Ins　声明价值 Declared Value　费用 Charge
是 Yes
否 No　保价费率5‰ Rate of Val.Ins:5‰

⑦ 费用 Charge
件数 Amount of Pieces　计费重量 Charged Weight　运费 Freight
实际重量 Actual Weight　费用合计 Total Charge

⑧ 地区代码 Area Code
原寄地 Orig　目的地 Dest　自取件 Self Pickup　自寄件 Self Send

⑨ 付款方式 Payment of charge
寄方付 Shipper　收方付 Consignee　第三方付 3rd Party
月结帐号 Monthly-payment A/C#
第三方付款地区 Area Code for 3rd Party

⑩ 收派员信息 Courier Information
收件员 Pickup by　派件员 Delivered by

⑪ 寄件人签署 Shipper's Signature
请仔细阅读背面所载契约条款，签字即同意接受条款的一切内容
The shipper agrees to the terms & conditions on the reverse side of waybill
日期 Date　月 M　日 D　时 H　分 M

⑫ 收件人签收 Consignee's Signature
收件人签名 Signature　请用正楷签名
日期 Date　月 M　日 D　时 H　分 M
备注 Remarks

图 3－12　顺丰速递运单模板

表 3－23　　　　　　　　　　**快递运单填写标准**

项目	填写内容
收寄地	填写收寄本快件的站点名称
电话	收件人及寄件人联系方式，便于快递公司与客户联系
寄件人（公司）	寄件公司名称
地址	寄件人地址，要求填写寄件人详细地址
目的地	收件人的接收快件地址
费用	本单快递托寄费用，收费凭证
托寄物品	托寄货物名称及数量
尺寸	如属需要计算体积重量的，需要填写尺寸栏，填写方式为长×宽×高
付款人	应问清客户快件是寄件人付款还是收件人付款或第三方付款，并在提单的“付款人”内相应的“□”中打“√”
件数	快件的包装的数量
重量	快件的计费重量
寄件人签名	快递员在收货时，一定要寄件客户在“寄件人签名”栏内签名确认，并标明日期
收件人签名	派件员派件时，一定要收件客户在此栏内签名确认，并标明日期
派件员签名	收件客户确认快件收到后，派件员再签名确认

四、快递运单的粘贴

1. 运单的粘贴

运单粘贴方法：各快递企业根据自身运单的特殊性采取不同的粘贴方式，不干胶运单直接粘贴和运单袋封装是其中最常见的两种方式（见表 3 - 24）。

表 3 - 24　　快递运单的粘贴

<table>
<tr><th>分类</th><th colspan="2">方法</th><th>注意事项</th></tr>
<tr><td rowspan="2">不干胶运单直接粘贴</td><td colspan="2">把运单背面的不干胶布面撕掉</td><td>从打孔边撕贴纸比较容易，因为只有打孔边没有粘胶</td></tr>
<tr><td colspan="2">把运单的左边打孔先贴到运单粘贴的位置，然后往右边平摸运单，使运单平整地粘贴在快件表面上</td><td></td></tr>
<tr><td rowspan="6">运单袋封装</td><td rowspan="3">不带不干胶</td><td>把运单平整装进运单袋内，并把运单袋口封好</td><td>运单袋封口时，须赶出袋内的空气，以袋子与运单能贴在一起为准</td></tr>
<tr><td>把装有运单的运单袋放在快件表面粘贴运单的位置</td><td></td></tr>
<tr><td>用透明胶纸把运单粘牢在快件表面</td><td>为保证运单粘贴的牢固，透明胶纸粘贴呈 H 形</td></tr>
<tr><td rowspan="3">不干胶透明运单袋</td><td>把运单平整装进运单袋内，并把运单袋口封好</td><td>运单袋封口时，须赶出袋内的空气，以运单袋与运单能贴在一起为准</td></tr>
<tr><td>把运单袋背面的不干胶布面撕掉</td><td>从袋口处撕，因为袋口处没有粘胶</td></tr>
<tr><td>把运单袋左边先贴到运单粘贴的位置，然后往右边平摸运单袋，使运单平整地粘贴在快件表面上</td><td></td></tr>
</table>

2. 标识的粘贴

正面粘贴：与处理直接相关的标识，为便于分拣操作，宜将其与运单粘贴在同一表面。

例如国际件贴纸、自取件贴纸。

侧面粘贴：快件放置的方向，防辐射等标签应粘贴在快件侧面，便于搬运、码放时很容易地识别。

例如向上标识贴纸、防辐射贴纸。

三角粘贴：需要多面见到的贴纸，可以贴在包装箱的角上，包住快件外角的三个方向。

例如易碎件贴纸，斜贴在快件粘贴运单的正面角落，另外两个角粘贴在其他两个侧面。

沿骑缝线粘贴：封箱操作时，每件快件至少粘贴 2 张有密封作用的贴纸，要求每个可拆封的骑缝线都要粘贴。

例如保价粘贴，应粘贴在每个表面的骑缝线上，起到封条的作用，提醒在运输过程中不允许拆开包装。

各快递运单粘贴方法的特点（见表 3－25）。

表 3－25　　各快递运单粘贴方法的特点

分类	特点	举例
正面粘贴	便于分拣和派送	国际快件、自取件、航空、汽运等标识
侧面粘贴	便于搬运和码放	向上标志贴纸，防辐射贴纸
三角粘贴	便于提示	易碎件贴纸
沿骑缝粘贴	用于加封每个骑缝线	保价贴纸、代收款标识

五、快递运单填写及粘贴准备内容（见表 3－26）

表 3－26　　快递运单填写及粘贴准备内容

项目	准备内容	
环境准备	设备/道具	固体胶、黑色或蓝色钢笔、剪刀、快递运单
	主要涉及岗位角色	快递员
制订计划	步骤一	检查快递运单中客户填写内容是否准确
	步骤二	完成快递运单中工作人员应该填写的部分
	步骤三	粘贴运单

任务实施

客户刘明相关邮寄信息（见表 3－27）：

表 3－27　　材料信息

	项目	详细信息
1	客户编码	
2	寄件公司	北京麦克体育用品有限公司
3	联络人	刘明
4	地址	北京市，海淀区，四道口 398 号
5	区号	100080
6	联系电话	15010389888
7	客户编码	

续 表

	项目	详细信息
8	收件公司	东元路中学
9	收件人	王芳
10	地址	陕西省，西安市未央区，东元路 208 号，西安东元路中学
11	区号	710032
12	固定电话	029－88210933
13	托寄物内容	羽毛球拍（10 副）
14	托寄物重量	7.3kg
15	付款方式	寄方付款
16	日期	2013 年 12 月 9 日
17	收件员（小王）	编号：067066
18	原寄地代码	010AB
19	目的地	559

步骤一：检查快递运单中客户填写内容是否正确

根据材料，小王检查刘明所填快递运单（见图 3－13）的填写内容是否正确，是否还需要补充。

SF EXPRESS 顺丰速运
为提供更便捷的寄递服务，请登陆我司网站或拨打全国统一服务热线 4008 111 111
Order.Enquiry & Complaint Hotline WWW.sf-express.com
全国服务监督电话 Service control Hotline (0755)8315 1111
755 517 225 090
第一联：本公司收件存根 1st Copy: S.F. Express

① 寄件人信息 Shipper information
客户编码 Customer Account No.
寄件公司 From：北京麦克体育用品有限公司　联络人 Contact Person：刘明
地址 Addess：北京市，海淀区，四道口398号
区号 Area Code：100080　联系电话 Tel：15010389888　签收短信通知MSG

② 收件人信息 Consignee Information
客户编码 Customer Account No.
收件公司 To：东元路中学　联络人 Contact Person：王芳
地址 Address：陕西省，西安市，未央区，东元路208号 西安东元路中学
区号 Area Code：710032　固定电话 Tel

③ 托寄物详细资料 Shipment Information
托寄物内容 Description of Goods　请确保每票托寄物价值不超过2万元，超过者请拆分至每票2万元以下分别托运。Please ensure the value per shipment is no higher than 20,000 yuan. If higher, please split the shipment into several, the value of each is lower than 20,000 yuan, and send separately.　数量 Quantity

④ 体积重量 Dimensional Weight
长L: cm× 宽W: cm× 高H: cm = KGS
6000或or 12000

⑤ 业务类型 Shipment Type
即日到 Same Day　普货 Cargo　四日件 Four-day　A标 A-label　陆运 Ground Delivery

⑥ 附加业务类型 Additional Service Type
代收货款 C.O.D　卡号 C.O.d A/C#　金额 Amount
签回单 Return Receipt Service　回单号 Return Tracking#
燃油附加费 Fuel surcharge　费用 Charge
夜晚收件 Evening Collection　费用 Charge
委托件 Authorization Pickup Service　费用 Charge
等通知派送 Delivery Upon Notice　费用 Charge
包装 Package　费用 Charge
其他 Other　1.特殊保价 Special offer　2.特殊配送 Special Delivery　3.其他个性化服务 Other personalized services　费用 Charge
保价 Val.Ins　声明价值 Declared Value　费用 Charge
是 Yes　否 No　保价费率5‰ Rate of Val.Ins:5‰

⑦ 费用 Charge
件数 Amount of Pieces　计费重量 Charged Weight　运费 Freight
实际重量 Actual Weight　费用合计 Total Charge

⑧ 地区代码 Area Code
原寄地 Orig　目的地 Dest　自取件 Self Pickup　自寄件 Self Send

⑨ 付款方式 Payment of charge
寄方付 Shipper　收方付 Consignee　第三方付 3rd Party
月结帐号 Monthly-payment A/C#
第三方付款地区 Area Code for 3rd Party

⑩ 收派员信息 Courier Information
收件员 Pickup by　派件员 Delivered by

⑪ 寄件人签署 Shipper's Signature
请仔细阅读背面所载契约条款，签字即同意接受条款的一切内容 The shipper agrees to the terms & conditions on the reverse side of waybill
日期 Date　月 M　日 D　时 H　分 M

⑫ 收件人签收 Consignee's Signature
请用正楷签名
收件人签名 Signature
日期 Date　月 M　日 D　时 H　分 M
备注 Remarks

图 3－13　刘明填写的运单

步骤二：完成快递运单中工作人员应该填写的项目

小王检查完运单，发现客户刘明填写的无须再补充，所以他将自己需要填写的内容（见图 3－14），标框的内容，填写完整。

SF EXPRESS 顺丰速运
国内统一服务热线 4008 111 111
www.sf-express.com
755 517 225 090
第一联：本公司收件存根
1st copy: S.F. Express
⑧地区代码 Area Code　原寄地 Orig　目的地 Dest　自取件 Self Pickup
①寄件人信息 Shipper information
客户编码 Customer Account No.
寄件公司 From　北京麦克体育用品有限公司　联络人 Contact Person　刘明
地址 Address　北京市，海淀区，四道口398号
区号 Area Code　100080　联系电话 Tel　15010389888　MSG
②收件人信息 Consignee Information
客户编码 Customer Account No.
收件公司 To　东元路中学　联络人 Contact Person　王芳
地址 Address　陕西省，西安市，未央区，东元路208号
西安东元路中学
区号 Area Code　710032　固定电话 Tel　如无固定电话，请填写手机号码
③托寄物详细资料 Shipment Information
托寄物内容 Description of Goods　每票托寄物声明价值不高于20000元 The maximum declared value per shipment below 20000 Yuan　数量 Quantity
④体积重量 Dimensional Weight
长L:　cm× 宽W:　cm× 高H:　cm　=　KGS
6000或or12000
⑤业务类型 Shipment Type
即日到 Same Day　陆运达 Overland　普货 Cargo
⑥附加业务类型 Additional Service Type
代收货款 C.O.D　卡号，C.O.D A/C#　金额 Amount
签回单 Return-Receipt Service　回单号，Return Tracking #
夜晚收件 Evening Collection　费用 Charge
指定时间派送 Delivery Appointed　工作时间 Working Time　非工作时间 Non-Working Time　派送时间 Delivery Time　费用 Charge
等通知派送 Delivery Upon Notice
包装 Package　费用 Charge
其他 Other　费用 Charge
保价 Val.Ins　是 Yes　否 No　声明价值 Declared Value　费用 Charge
⑦费用 Charge
件数 Amount of Pieces　计费重量 Charged Weight　运费 Freight
实际重量 Actural Weight　费用合计 Total Charge
⑨付款方式 Payment of Charge
寄方付 Shipper　收方付 Consignee　第三方付 3rd Party
月结帐号 Monthly-payment A/C#
第三方付款地区 Area Code for 3rd Party
⑩收派员信息 Courier Information
收件员 Pickup by　派件员 Delivered by
⑪寄件人签署 Shipper's Signature
请仔细阅读背面所载的条款，签字即同意接受条款的一切内容
The shipper agrees to the terms & conditions on the reverse side of waybill
日期 Date　月 M　日 D　时 H　分 M
⑫收件人签收 Consignee's Signature
收件人签名 Signature
日期 Date　月 M　日 D　时 H　分 M
备注 Remarks

图 3－14　小王需填写的内容

步骤三：粘贴运单

由于刘明的快件是一副羽毛球拍，属于不规则快件，小王已经用顺丰专用的纸皮箱加泡沫进行很好的包装了，见图 3－15：

图 3－15　羽毛球拍包装

根据快件表面美观、大方的要求，以及从左到右的操作和阅读习惯，运单应粘贴在于快件边缘留出 5 厘米的距离为好。同时，应当把表面的四个角落位置留出来，以备快件的运输标识等的粘贴。

任务评价

姓名			学号		专业		
任务名称		快递运单填写与粘贴					
考核内容		考核标准	参考分值	学生自评	小组互评	教师评价	考核得分
职业素养	1	具有团结合作的精神	10				
	2	完成工作任务时认真负责的态度	10				
理论知识评价	3	了解快递运单的概念及分类	10				
	4	熟悉快递运单的填写内容	10				
	5	掌握快递运单的粘贴	10				
技能操作评价	6	准确检查客户运单填写内容	10				
	7	正确填写工作人员需要填写的内容	10				
	8	合理粘贴运单，符合粘贴要求	20				
总得分			100				

任务拓展

顺丰快递业务员小张接收了如下任务，请根据所给材料正确填写并粘贴运单。

项目	内容
时间	12月9日上午10点30分
寄件地址	陕西省西安市翠华路122号2栋3楼东
寄件公司	西安市模具制造有限公司
寄件人	王强（联系电话：13311023372）
收件地址	浙江省金华市宾虹西路3999号
收件人	周红收，（联系电话：18857114259）
托寄物	游艇模型SP，32台，重量为3.5kg，包装纸箱长、宽、高分别为35cm、30cm、24cm
付款方式	寄方王强支付

任务资料

EMS 快递运单和顺丰快递运单（见图 3－16、图 3－17）。

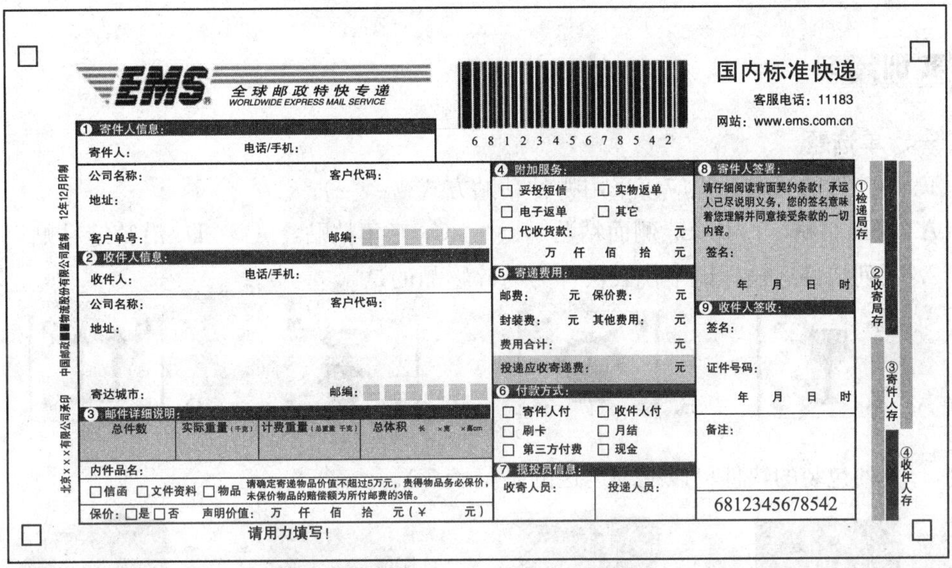
EMS 全球邮政特快专递 WORLDWIDE EXPRESS MAIL SERVICE
6 8 1 2 3 4 5 6 7 8 5 4 2
国内标准快递
客服电话：11183
网站：www.ems.com.cn
① 寄件人信息：
寄件人：　电话/手机：
公司名称：　客户代码：
地址：
客户单号：　邮编：
② 收件人信息：
收件人：　电话/手机：
公司名称：　客户代码：
地址：
寄达城市：　邮编：
③ 邮件详细说明：
总件数　实际重量（千克）　计费重量（总重量 千克）　总体积 长 ×宽 ×高cm
内件品名：
□信函 □文件资料 □物品　请确定寄递物品价值不超过5万元，贵得物品务必保价，未保价物品的赔偿额为所付邮费的3倍。
保价：□是□否　声明价值：　万　仟　佰　拾　元（￥　元）
请用力填写！
④ 附加服务：
□ 妥投短信　□ 实物返单
□ 电子返单　□ 其它
□ 代收货款：　元
万　仟　佰　拾　元
⑤ 寄递费用：
邮费：　元　保价费：　元
封装费：　元　其他费用：　元
费用合计：　元
投递应收寄递费：　元
⑥ 付款方式：
□ 寄件人付　□ 收件人付
□ 刷卡　□ 月结
□ 第三方付费　□ 现金
⑦ 揽投员信息：
收寄人员：　投递人员：
⑧ 寄件人签署：
请仔细阅读背面契约条款！承运人已尽说明义务，您的签名意味着您理解并同意接受条款的一切内容。
签名：
年　月　日　时
⑨ 收件人签收：
签名：
证件号码：
年　月　日　时
备注：
6812345678542
①检递局存　②收寄局存　③寄件人存　④收件人存

图 3－16　EMS 快递运单

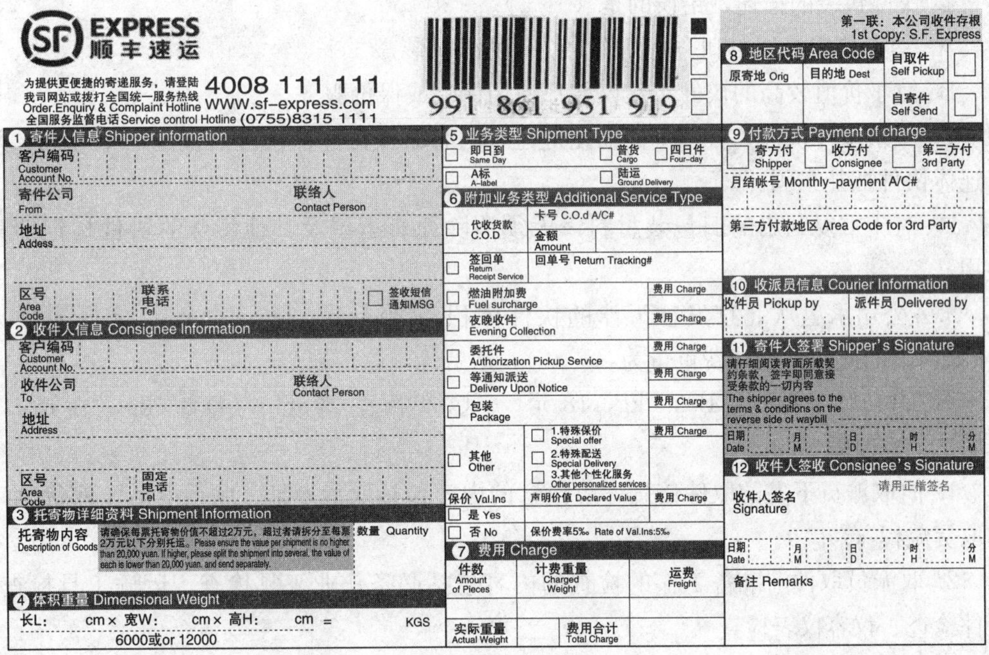
SF EXPRESS 顺丰速运
为提供更便捷的寄递服务，请登陆我司网站或拨打全国统一服务热线 4008 111 111
Order.Enquiry & Complaint Hotline WWW.sf-express.com
全国服务监督电话 Service control Hotline (0755)8315 1111
991 861 951 919
第一联：本公司收件存根 1st Copy: S.F. Express
① 寄件人信息 Shipper information
客户编码 Customer Account No.
寄件公司 From　联络人 Contact Person
地址 Address
区号 Area Code　联系电话 Tel　签收短信通知MSG
② 收件人信息 Consignee Information
客户编码 Customer Account No.
收件公司 To　联络人 Contact Person
地址 Address
区号 Area Code　固定电话 Tel
③ 托寄物详细资料 Shipment Information
托寄物内容 Description of Goods　请确保每票托寄物价值不超过2万元，超过者请拆分至每票2万元以下分别托运。Please ensure the value per shipment is no higher than 20,000 yuan. If higher, please split the shipment into several, the value of each is lower than 20,000 yuan. and send separately.　数量 Quantity
④ 体积重量 Dimensional Weight
长L:　cm× 宽W:　cm× 高H:　cm =　KGS
6000或or 12000
⑤ 业务类型 Shipment Type
即日到 Same Day　普货 Cargo　四日件 Four-day
A标 A-label　陆运 Ground Delivery
⑥ 附加业务类型 Additional Service Type
代收货款 C.O.D　卡号 C.O.d A/C#　金额 Amount
签回单 Return Receipt Service　回单号 Return Tracking#
燃油附加费 Fuel surcharge　费用 Charge
夜晚收件 Evening Collection　费用 Charge
委托件 Authorization Pickup Service　费用 Charge
等通知派送 Delivery Upon Notice　费用 Charge
包装 Package　费用 Charge
其他 Other　1.特殊保价 Special offer　2.特殊配送 Special Delivery　3.其他个性化服务 Other personalized services　费用 Charge
保价 Val.Ins　声明价值 Declared Value　费用 Charge
是 Yes
否 No　保价费率5‰ Rate of Val.Ins:5‰
⑦ 费用 Charge
件数 Amount of Pieces　计费重量 Charged Weight　运费 Freight
实际重量 Actual Weight　费用合计 Total Charge
⑧ 地区代码 Area Code
原寄地 Orig　目的地 Dest　自取件 Self Pickup　自寄件 Self Send
⑨ 付款方式 Payment of charge
寄方付 Shipper　收方付 Consignee　第三方付 3rd Party
月结帐号 Monthly-payment A/C#
第三方付款地区 Area Code for 3rd Party
⑩ 收派员信息 Courier Information
收件员 Pickup by　派件员 Delivered by
⑪ 寄件人签署 Shipper's Signature
请仔细阅读背面所载契约条款，签字即同意接受条款的一切内容
The shipper agrees to the terms & conditions on the reverse side of waybill
日期 Date　月 M　日 D　时 H　分 M
⑫ 收件人签收 Consignee's Signature
请用正楷签名
收件人签名 Signature
日期 Date　月 M　日 D　时 H　分 M
备注 Remarks

图 3－17　顺丰快递运单

项目小结

通过本项目的学习，同学们掌握了快件收取的步骤和方法，掌握了上门取件流程、快件分类包装的方法、快件的称重计费、运单正确填写等操作。同时，了解了快递服务时规范标准的用语以及提高客户满意度的方法。

实训练习

一、单选题

1. 易碎件的运输标识应该采用哪种粘贴方式（　　）。

A. 正面粘贴　　B. 侧面粘贴　　C. 三角粘贴　　D. 沿骑缝粘贴

2. 下列快件运输标识中代表快件为易碎物品的是（　　）。

A. 　B. 　C. 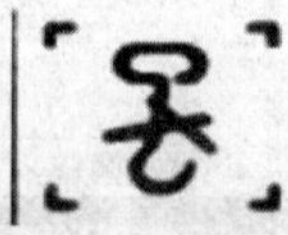　D. 

3. 下列包装的快件可以继续运送的是（　　）。

A. 　B. 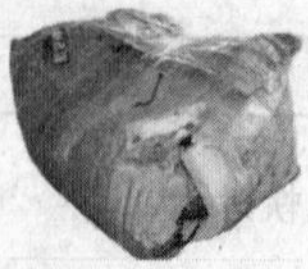　C. 　D. 

4. 快件包装的描述，错误的是（　　）。

A. 禁止使用一切报刊类物品作为快件的外包装

B. 对于价值较高的快件，建议客户使用保险或保价服务

C. 一票多件快件，可以多件捆扎寄递，同时必须在连体快件上批注运单号码，并将连体快件捆扎牢固

D. 对于重复利用的旧包装材料，无须清除原有运单及其他特殊的快件标记即可使用

5. Z公司承运从北京发往天津的快件体积为20cm×32cm×30cm，实际重量为2.9kg，请问此快件的计费重量为（　　），运费为（　　）。

A. 2.9kg，18元　　B. 3.0kg，18元　　C. 3.2kg，21元　　D. 3.5kg，21元

二、判断题

1. 向取派员下发的取件信息，应包含的内容包括取货地址、联系电话、取货时间和取货流程（　　）。

2. 取派员取件前准备工作的检查的内容包括必备作业工具检查、运输工具检查、证件检查、仪容仪表检查（　　）。

3. 取派员取货时，必备的工具包括运单、笔、称、包装袋和刷卡机（　　）。

4. 禁止使用一切报刊类物品作为快件的外包装（　　）。

5. 对于重复利用的旧包装材料，无须清除原有运单及其他特殊的快件标记即可使用（　　）。

三、简答题

1. 根据下表中未分配取件信息所示的取件信息，编制取件信息下发短信。

业务通知单号	客户姓名	客户电话	地址	货物体积	货物重量	预约取件时间
0000003675	刘先生	15273853535	北京市朝阳区八里庄西里 1 号院 35 号楼 1 单元 1005 室	30cm×15cm×10cm	2kg	10：30

2. 画出快件的称重计费流程。

3. 简述常见快件打包方法。

4. 简述快件收取的流程。

5. 各快递运单粘贴方法特点介绍。

答案：

一、单选题

1. C　2. A　3. A　4. D　5. D

二、判断题

1. ×　2. √　3. ×　4. √　5. ×

三、简答题（略）

项目四 快件处理

本项目主要讲述快件处理，指的是快递员将取派员取回来的快件进行复核、录入信息、打印清单、上交营业款、打印运输标签的过程，是快递作业的重要的一个环节，因而我们在学习过程中要引起重视。

学习目标

● 知识目标

了解收件清单的内容；

掌握快递处理的概念；

掌握快递复核的内容。

● 能力目标

能够正确进行收件异常处理；

能够根据所收快件完成快递清单的填写；

能够准确有效地进行快件处理。

● 情感目标

养成严谨的工作态度和良好的工作责任心；

培养热情服务的工作态度。

任务导入

沈青从客户处收取快件后，返回营业厅，需要对收取的快件进行处理，他会怎么处理这个快件呢?

任务分析

针对本任务，分析相关内容如下：

一、快件处理概念

快件处理是业务员将取派员取回来的快件进行复核、录入信息、打印清单、上交营业款、打印运输标签的过程，是快递作业的重要环节，见图 4－1。

图 4－1 快件处理

二、快件复核的内容

快件在运回营业网点的过程中，由于运输颠簸可能会使快件或运单受损，在交接快件和运单之前，须对快件和运单进行复核，确保快件和运单完好，且两者相符。

1. 检查快件外包装是否牢固

各交接环节对于拿到手的快件，应检查外包装是否有破损，若有明显破损或撕裂，应按规定程序进行检查，不可让其继续流向下一环节。如果经检查只是外包装破损，必须进行重新包装，见图 4－2。

图 4－2 破损快件包装

2. 检查快件上的运单粘贴是否牢固

检查运单的随件联是否缺少，运单是否破损。如果运单缺少或严重破损，需要重新填写一份运单替代原运单寄递快件。如果重新开单，须及时告知客户重新开单的原因，以及把新的单号告知客户，以便客户查询。如胶纸粘贴或运单粘贴不牢固，须使用胶纸重新加固粘贴，见图 4－3。

图 4-3 运单粘贴异常情况

3. 核对数量

核对运单数量与快件数量是否相符，一张运单对应一票快件。如运单数量与快件数量不相符，则须及时找出数量不符的原因并跟进处理。

4. 检查运单是否都已经填写完整

特别注意客户的电话号码，客户签名是否完整正确，运单信息的完整性直接影响快件的信息流，见图 4-4。

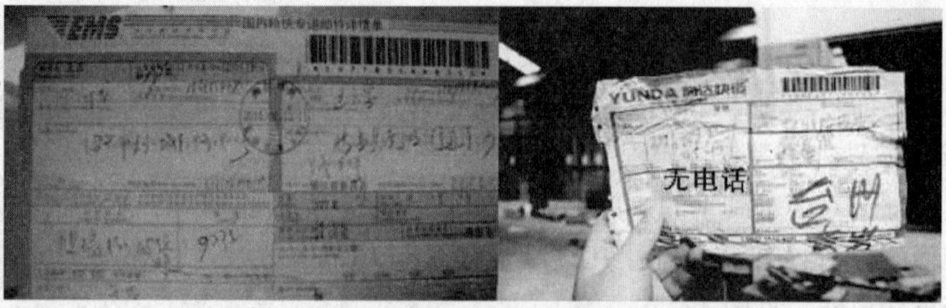

图 4-4 运单填写不清

三、登单

业务员收取快件之后，须在固定的清单样式上登记快件信息。包括快件的运单号、重量、付款方式、目的地、日期及相关责任人的姓名和代码等，见表 4-1。

表 4-1 收寄清单样式

序号	运单号	重量	付款方式	目的地	日期	时间	收件员姓名	备注

登单的方式主要有以下两种（见表 4-2）。

表 4-2 登单的两种方式

方式	手工登单	电脑系统打印
定义	快递企业提供专门的清单样式，业务员按照样式中的要求将快件信息抄写在清单的相应位置	快递企业的操作系统中设计特定的清单样式，处理人员对业务员交回的快件和运单扫描完毕后，将数据上传至电脑系统，再通过电脑系统把业务员的收件快件信息打印出来的一种清单

四、快件处理的准备内容（见表 4-3）

表 4-3 快件处理的准备内容

项目	准备内容	
环境准备	设备/道具	电脑、电话、记号笔、笔记本、快件、标签打印机
	主要涉及岗位角色	快递员
	软件	操作系统、办公软件
	涉及单据	快递单
制订计划	步骤一	掌握快件复核的内容
	步骤二	掌握运单信息录入的内容
	步骤三	掌握快件标签的打印及粘贴

任务实施

步骤一：将收取快件的运单与快件进行核对

沈青将收取的快件运单拿来与快件进行核对，快件运单和快件见图 4-5、图 4-6。

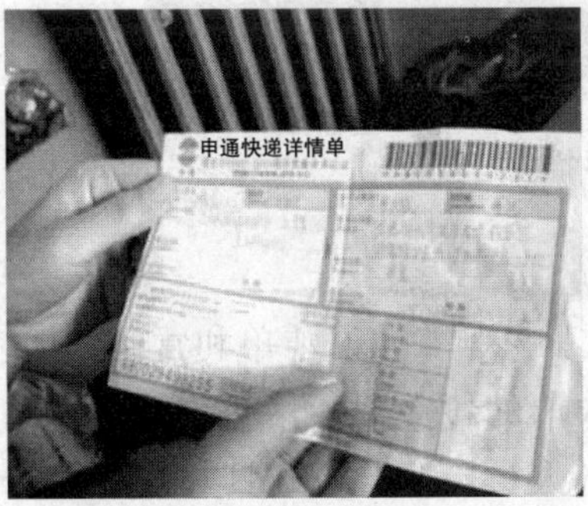

图 4-5 快件运单

图 4-6 快件

核对运单数量与快件数量是否相符，一张运单对应一票快件。如运单数量与快件数量不相符，则须及时找出数量不符的原因并跟进处理。

检查运单是否都已经填写完整。特别注意客户的电话号码，客户签名是否完整正确，运单信息的完整性直接影响快件的信息流。将表 4-4 补充完整。

表 4-4　运单填写不完整处理

异常情况	图片	处理方法
客户的电话号码不清楚或者不全		
客户签名潦草看不清或者无签名		

最后核对营业款是否与运单上的一致。

步骤二：录入快递运单的内容并上交运单

沈青对快件和运单扫描完毕后，登录公司的操作系统，在公司设计的特定的清单样式中，将数据上传至电脑系统的数据库中，再整理所有收件信息并打印清单，清单一式两份，签字后上交一份，自己留一份（见图 4-7）。

图 4-7　平推式打印机

步骤三：上交营业款

沈青整理好今天一天所收取的快件的收款资料（收寄清单和营业款），备好当天收取的营业款，包括现金和支票。将今天所收取的各类资费移交给公司的财务人员，待清点核对无误后，在交款清单上签字，财务人员向业务员开具收款票据，证实已接收款项。上交营业款完结。

步骤四：打印标签并粘贴

沈青登录 TMS 系统，使用扫描器扫描运单号，然后在条码编辑模块手动输入快件件数、发出站与目的站，使用条码打印机（见图 4－8），将运输标签打印出来，标签样式（见图 4－9）。

图 4－8　条码打印机

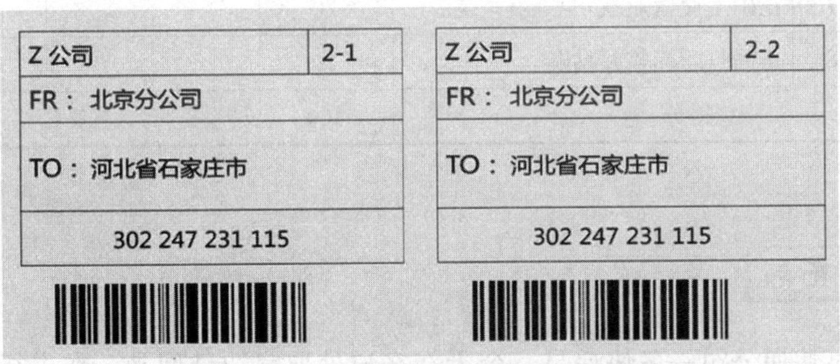

图 4－9　标签样式

将打印出来的标签信息，粘贴在快件上，见图 4－10。

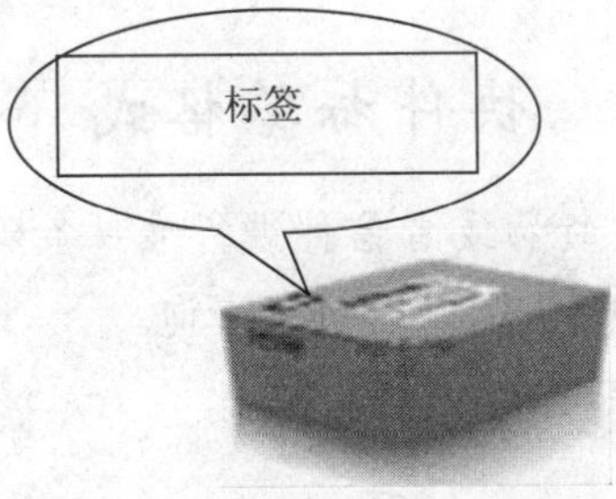

图 4－10　粘贴快件标签

最后再检查是否粘贴牢固。

任务评价

姓名			学号		专业		
任务名称	快递处理						
考核内容		考核标准	参考分值	学生自评	小组互评	教师评价	考核得分
职业素养	1	具有团结合作的精神	10				
	2	完成工作任务时认真负责的态度	10				
理论知识评价	3	掌握快件复核的内容	10				
	4	掌握运单信息录入的内容	10				
技能操作评价	5	正确核对运单与快件	10				
	6	正确录入快递运单的内容	20				
	7	正确上交营业款	20				
	8	正确打印标签并粘贴	10				
总得分			100				

任务拓展

肖茵是某快递公司一名快递员，今天在客户处取完快件回来，在进行快件处理的时候，发现营业款少了10元，她该怎么办呢？

任务资料

快件标签格式

快递公司使用标签对每件货物或者信件进行唯一条码（或二维条码）标识，以便系统对快件进行分拣、跟踪和客户对快件进行查询。

常见快件的标签有以下样式（见图4-11）。

图 4-11 常见标签样式

项目小结

通过本项目的学习，我们按照掌握快件复核的内容、掌握运单信息录入的内容和掌握快件标签的打印及粘贴三个步骤学会了如何合理有效地进行快递处理，在实际工作中要学以致用。

实训练习

一、单选题

1. 下列不属于快件交接原则的是（　　）。

A. 当面交接　　B. 运单与快件一起交接

C. 交接签字　　D. 以上都不对

2. 进行快件装载时，易碎物品、不耐压的快件应放置在（　　）。

A. 顶层　　B. 底层　　C. 外层　　D. 内层

3. 下列哪项不符合班车运输出站快件的交接内容（　　）。

A. 指挥或引导车辆安全停靠指定的交接口、交接台、交接场地

B. 核对交接的总包数是否与交接单填写的票数相符

C. 交接双方只要一方办理交接就可以了

D. 快件的装载配重和堆码是否符合车辆安全运行标准

4. 以下关于货物装载不正确的是（　　）。

A. 大不压小　　B. 重不压轻　　C. 受力均匀　　D. 随意码放

二、判断题

1. 快递服务按网络规模划分：国际快递、国内异地快递和同城快递。（　　）

2. 如运单数量与快件数量不相符，则须及时找出数量不符的原因并跟进处理。（　　）

3. 登单只有一种方式。（　　）

4. 如果运单缺少或严重破损，需要重新填写一份运单替代原运单寄递快件。（　　）

5. 各交接环节对于拿到手的快件，应检查外包装是否有破损，若有明显破损或撕裂，必须进行重新包装。（　　）

三、简答题

1. 核对以下运单的填写是否符合规范，并说明应当如何填写。

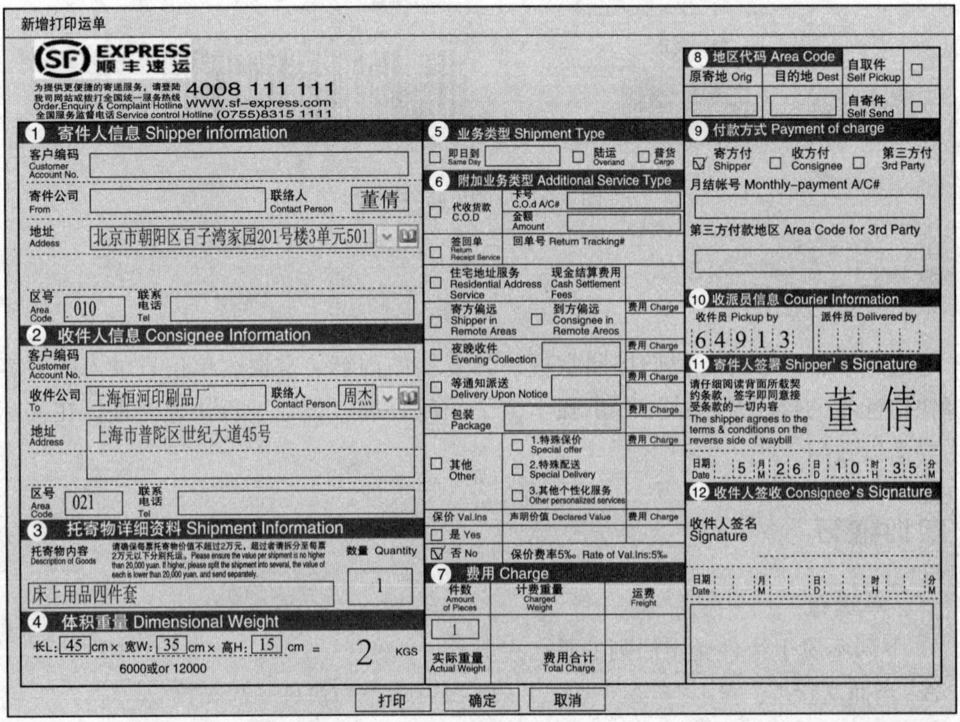
新增打印运单
SF EXPRESS 顺丰速运
4008 111 111
WWW.sf-express.com
全国服务监督电话 Service control Hotline (0755)8315 1111
① 寄件人信息 Shipper information
客户编码 Customer Account No.
寄件公司 From
联络人 Contact Person 董倩
地址 Address 北京市朝阳区百子湾家园201号楼3单元501
区号 Area Code 010　联系电话 Tel
② 收件人信息 Consignee Information
客户编码 Customer Account No.
收件公司 To 上海恒河印刷品厂　联络人 Contact Person 周杰
地址 Address 上海市普陀区世纪大道45号
区号 Area Code 021　联系电话 Tel
③ 托寄物详细资料 Shipment Information
托寄物内容 Description of Goods 床上用品四件套　数量 Quantity 1
④ 体积重量 Dimensional Weight
长L: 45 cm × 宽W: 35 cm × 高H: 15 cm = 2 KGS
6000或or 12000
⑤ 业务类型 Shipment Type
即日到 Same Day　陆运 Overland　普货 Cargo
⑥ 附加业务类型 Additional Service Type
代收货款 C.O.D　卡号 C.O.d A/C#　金额 Amount
签回单 Return Receipt Service　回单号 Return Tracking#
住宅地址服务 Residential Address Service　现金结算费用 Cash Settlement Fees
寄方偏远 Shipper in Remote Areas　到方偏远 Consignee in Remote Areas　费用 Charge
夜晚收件 Evening Collection　费用 Charge
等通知派送 Delivery Upon Notice　费用 Charge
包装 Package　费用 Charge
其他 Other　1.特殊保价 Special offer　2.特殊配送 Special Delivery　3.其他个性化服务 Other personalized services　费用 Charge
保价 Val.Ins　声明价值 Declared Value　费用 Charge
是 Yes
☑ 否 No　保价费率5‰ Rate of Val.Ins:5‰
⑦ 费用 Charge
件数 Amount of Pieces 1　计费重量 Charged Weight　运费 Freight
实际重量 Actual Weight　费用合计 Total Charge
⑧ 地区代码 Area Code
原寄地 Orig　目的地 Dest
自取件 Self Pickup
自寄件 Self Send
⑨ 付款方式 Payment of charge
☑ 寄方付 Shipper　收方付 Consignee　第三方付 3rd Party
月结帐号 Monthly-payment A/C#
第三方付款地区 Area Code for 3rd Party
⑩ 收派员信息 Courier Information
收件员 Pickup by 64913　派件员 Delivered by
⑪ 寄件人签署 Shipper's Signature
请仔细阅读背面所载契约条款，签字即同意接受条款的一切内容
The shipper agrees to the terms & conditions on the reverse side of waybill
董倩
日期 Date 5 月M 26 日D 10 时H 35 分M
⑫ 收件人签收 Consignee's Signature
收件人签名 Signature
日期 Date 月M 日D 时H 分M
打印　确定　取消

2. 快件处理的含义是什么？

3. 快件复核的内容是什么？

4. 简述登单两种方式的比较。

答案：

一、单选题

1. D　2. A　3. C　4. D

二、判断题

1. √　2. √　3. ×　4. √　5. ×

三、简答题（略）

项目五　集货分拣

项目五是快件的分拣与合包，是快递运输过程的核心环节。在本环节中，通过快件“分”与“合”的操作，能够加快货物的运输速度，达到准确、快速运输的效果，也是快递行业产生利润、降低成本的重要环节。本项目的主要内容包含快件分拣的流程和方法、快件合包的标准和流程，以及在分拣过程中异常情况的处理。

学习目标

- **知识目标**

了解快件分拣的流程；
掌握快件分类的原则；
了解半自动机械分拣和全自动分拣的设备操作流程；
掌握快件合包的依据和标准。

- **能力目标**

能够正确快速对快件进行手工分拣；
能够做快件分拣前准备工作，并填写分拣交接单据；
能够完成合包操作；
能够对异常情况进行相对应的处理，并做好记录和反馈。

- **情感目标**

培养学生吃苦耐劳的工作精神；
养成学生细致谨慎的工作态度。

任务一　快件分拣

任务导入

某快件分拣中心接收到各个营业厅点运送来的快件，刘明及其同事需要在规定的时间内，按照一定的分拣规则，对这些快件进行分拣，他们会怎么分拣呢？

任务分析

针对本任务，分析相关内容如下：

一、快件分拣的概述

分拣作业就是将用户所订的货物从保管处取出，按用户分类集中处理、放置。

1. 快件卸载（见图 5 - 1）

图 5 - 1　快件卸载

快件卸载操作规范：

（1）应在车辆停靠稳妥后进行卸载作业，进出车厢使用防护扶手，避免摔伤。

（2）着装规范，防护用品佩戴齐全，避免身体受到伤害，如佩戴专用防护腰带、穿好防护鞋。

（3）卸载金属包装或表面不光滑、带有尖锐物包装的快件，或者其他任何有可能造成伤害的快件，应戴专用防护手套。

（4）卸载体积偏大、偏重的总包，应双人或多人协同作业及使用设备卸载。

（5）如果卸载快件有内件物品破损并渗漏出液体、粉末状固体、半固体状物品，或者漏出内件疑似有毒、剧毒、不明化工原料，必须使用专用防护工具和用品或防护设备进行隔离，不得用身体直接触摸或鼻嗅。

（6）卸载快件如果堆码在手动运输的托盘、拖车、托板上，注意堆码重量不得超过设备材质和承载的限定要求，堆码宽度应小于底板尺寸。对于托盘、拖车，堆码高度不应高于托盘和拖车；对于拖板，堆码高度不应高于标准人体高度，以防在快件倒塌时被砸伤。

（7）使用托盘、拖车运输时应分清车头车尾，不得反向操作。拉运快件时应目视前方，不得左顾右盼。

（8）卸载使用的机械或工具，不得载人。

2. 快件初分和快件细分

快件的初分，是指因受赶发时限、运递方式、劳动组织、快件流向等因素的制约，在快件分拣时不是将快件一次性直接分拣到位，而是按照需要先对快件进行宽范围的分拣。

快件的细分，是指对已经初分的快件按寄达地或派送路段进行再次分拣（见图5-2）。

图5-2 快件分拣

3. 分拣方式分类

分拣作业的方式可以分为以下三类（见表5-1）：

表5-1 分拣方式的分类

	手工分拣方式	半自动机械分拣方式	分拣机自动分拣方式
图示			

4. 拣选中心的分区

将拣选作业场地作区域划分，按分区原则的不同，有以下四种分区方法（见表5-2）。

表 5-2　　拣选中心分区方法

分区方法	主要内容
货品特性分区	根据货品原有的性质，将需要特别储存搬运或分离储存的货品进行区隔，以保证货品的品质
拣选单位分区	将拣选作业区按拣选单位划分，如箱装拣选区、单品拣选区，或是具有特殊货品特性的冷冻品拣选区等，目的是使储存单位与拣选单位分类统一，以方便分拣与搬运单元化，使分拣作业单纯化，一般拣选单位分区形成的区域范围是最大的
拣选方式分区	不同拣选单位分区中，按拣选方法和设备的不同，又可分为若干区域，通常是按货品销售的 ABC 分类的原则，按出货量的大小和分拣次数的多少做 ABC 分类，然后选用合适的拣选设备和分拣方式。其目的是使拣选作业单纯一致，减少不必要的重复行走时间。在同一单品拣选区中，按拣选方式的不同，又可分为台车拣选区和输送机拣选区
工作分区	在相同的拣货方式下，将拣选作业场地再作划分，由一个或一组固定的拣选人员负责分拣某区域内的货品。该策略的优点是拣选人员需要记忆的存货位置和移动距离减少，拣选时间缩短，还可以配合订单分割策略，运用多组拣选人员在短时间内共同完成订单的分拣，但要注意工作平衡问题

二、快件分拣的流程

1. 手工分拣作业的步骤及要点（见表 5-3）

表 5-3　　手工分拣作业的步骤及要点

步骤	要点
1. 快件分类	先将待分快件分为信件类和包裹类 可分初拣和细拣两个环节
2. 快件识别	信件类取件数量按要求进行，包裹类需单间处理 通过运单的邮编、地址路段和电话区号进行快件识别
3. 快件投格	一手托件，另一手拇指捻件，用中指轻弹入格 保持平直并且方向一致
4. 快件整理	将分拣格子内的信件按不同要求封发 将已分拣包裹进行标记，避免串位

2. 半自动机械分拣作业程序

半自动机械分拣是人机相结合的分拣方式，信件类快件的分拣程序见图 5－3。

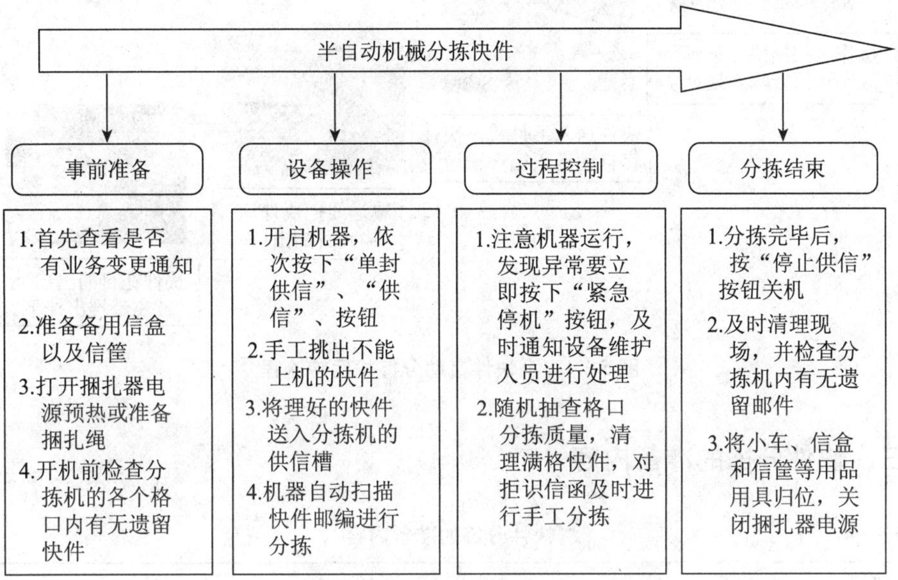

图 5－3　半自动机械分拣快件的程序

3. 自动分拣系统分拣程序

以下重点介绍平带式分拣机的工作程序：

（1）分拣人员阅读编码带上的地址，并在编码键盘上按相应的地址键。

（2）携带有地址代码的快件被编码带输送至缓冲储存带上排队等待。

（3）计算机系统发出上件信号，快件进入分拣机的传输带，即平钢带。

（4）当传输的快件挡住探测器时，探测器将发出信号。

（5）计算机系统将新到件地址信息以磁编码的形式记录在快件前沿的钢带上。

（6）快件传输到分拣机格口，格口滑槽磁编码信息读取装置阅读信息。

（7）计算机根据读取结果控制导向挡板快速运动到钢带上方。

（8）计算机系统将新到件地址信息以磁编码的形式记录在快件前沿的钢带上（见图 5－4）。

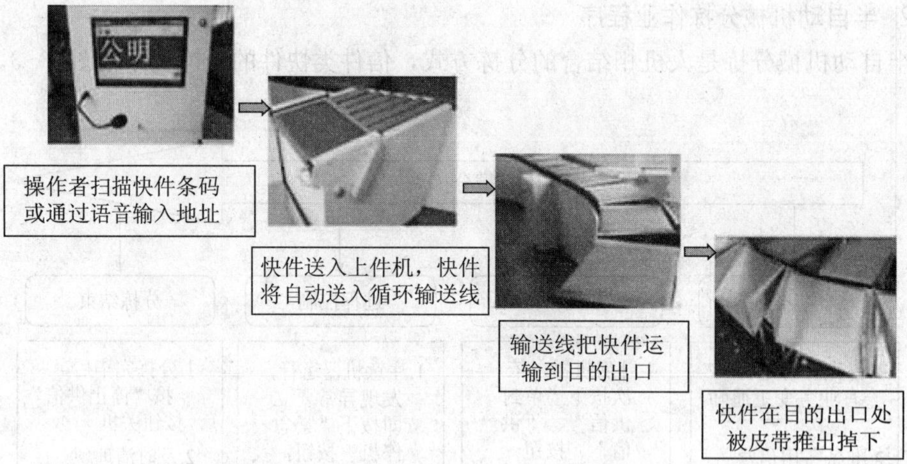

图 5－4　小快件自动分拣机运转流程

三、快件分拣的准备内容（见表 5－4）

表 5－4　　　　　　　　　　　　　快件分拣的准备内容

项目		准备内容
环境准备	设备/道具	电脑、笔、本子、快件、半自动分拣机械
	主要涉及岗位角色	分拣员
	软件	操作系统、办公软件
	涉及单据	快递单、快件交接清单
制订计划	步骤一	掌握快件分拣作业的方式
	步骤二	掌握分拣中心分区
	步骤三	掌握快件分拣的分拣流程

任务实施

步骤一：按照相关的规定和要求进行快件的正确接收

快件到分拣中心后，将进入处理流程，刘明及同事根据属性将快件分为易碎、易损品与普通物品。选择恰当的搬运卸载工具，对快件的安全性、完整性将起到重要作用。

刘明及同事严格依照快件交接步骤、要点办理交接验收手续。具体步骤和要点见图 5－5。

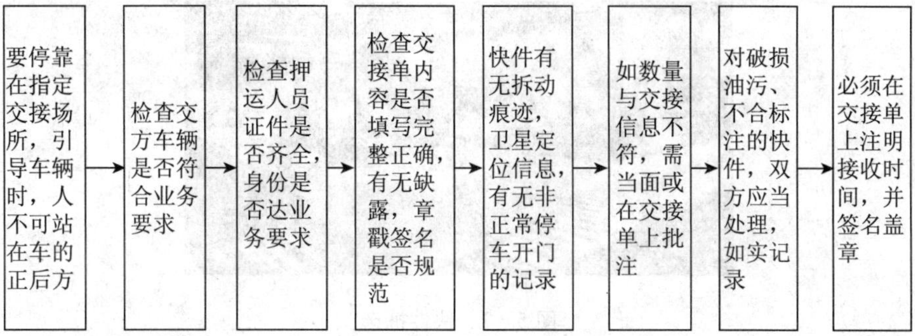

图5-5　快件验收程序

最后填写交接单，见图5-6：

市内物流交接单

物流序号：02012000700129035783

物流方向：北京分拨中心　　物流司机：林亮　　物流时间：201408011201

单据类型：市内物流交接单　　物流单位：四惠营业厅

总件数：17　　总交接件数：17

总票数：17　　总实际重量：58.6kg

总计量重量：60.5kg　　班车车牌号：京AD0172

信息处理员：刘明　　物流司机签字：林亮

发货方签字：　　收货方签字：

图5-6　快件交接单

步骤二：将接收到的快件进行准确、快速的分拣

由于公司有半自动化机械，所以采用半自动机械分拣：在指定位置将快件上机传输，运单面朝上，宽度要小于传送带的宽度。快件传到分拣工位时，要迅速取下快件。未来得及取的快件由专人接取，再次上机分拣或进行手工分拣。看清运单寄达的地址、电话区号和邮编后，准确拣取快件。取件时，较轻的快件用两手由两侧取下，较重的则要用双手托住底部或放在两侧，顺着传送带的方向取下，注意用力（见图5-7）。

图 5-7　快件拣选

任务评价

姓名			学号		专业		
任务名称		快件分拣					
考核内容		考核标准	参考分值	学生自评	小组互评	教师评价	考核得分
职业素养	1	具有团结合作的精神	10				
	2	完成工作任务时认真负责的态度	10				
理论知识评价	3	掌握分拣的概述	10				
	4	掌握三种分拣方式的作业流程	10				
技能操作评价	5	正确核对运单与快件	10				
	6	正确录入快递运单的内容	20				
	7	正确上交营业款	20				
	8	正确打印标签并粘贴	10				
总得分			100				

任务拓展

查找关于快件分拣操作的相关方法，掌握快件分拣的原则及规范要求，填入表 5-5 中。

表 5-5　快件分拣的原则及规范要求

项目	1	2	3
快件分拣操作的方法			
快件分拣的原则			
快件分拣的规范要求			

任务资料

顺丰快件分拣操作介绍

顺丰速递现在已经在上海、深圳等地实现了全自动化分拣系统，顺丰快递分拣作业系统可以采用传票、计算机条码技术、无线射频识别技术等自动划分分拣方式，实现正确而迅速的完成分拣作业，提升客户订单响应速度，保证客户满意度（见图5-8）。

图5-8 顺丰的全自动化操作系统

顺丰速运先进分拣系统主要有四个步骤：

第一，在分拣作业开始前，首先要处理拣货信息，快递分拣作业应当依据订单处理系统输出的分拣单形成拣货资料，然后进行分拣作业。

第二，将有关货物及分类信息通过自动分类及信息输入装置，输入自动控制系统。

第三，自动分拣系统利用计算机控制中心技术，将货物及分类信息进行自动化处理并形成数据指令传输至分拣作业机械。

第四，分拣机利用条码技术、射频识别技术等自动识别装置，对货物进行自动化分类拣取，当货物通过移载装置移至输送机上时由输送系统移至分类系统，再由分类道口排出装置按预先设置的分类要求将快递货件推出分类及完成分拣作业。

如今，顺丰速运将在国内东部地区把网络铺开，搭建好服务平台，确保市场占有率，明确提高服务效率，打造顺丰的第一服务品牌。效率高、系统化的分拣系统更有利于将顺风推向新的高度。

在顺丰速运高效分拣系统的辅助之下，每个岗位的员工工作效率都是在不断提高。如今的顺丰速运，在多个国家与地区都开通了与大陆间的快递业务。在国内的成功经验被顺丰速运带到了国外，在与当地企业合作，最大限度地保证了顺丰速运与当地文化的荣誉，快递适应国际市场的消费需求。

任务二　快件合包

任务导入

李雯是某快递公司的一名员工，今天她的任务是查看分拣完成的快件，发现有信封类文件 9 个，7 箱子衣服，她需要判断快件是否需要进行合包操作，并对需要合包的快件进行合包操作，该怎么完成这个工作任务呢？

任务分析

针对本任务，分析相关内容如下：

一、快件合包的概述

快件合包是指将寄往同一寄达地（或同一中转站）的多个快件，集中装入的容器，如箱或包（袋），见图 5－9。

图 5－9　快件合包

1. 快件合包分类及标准（见表 5－6）

表 5－6　快件合包分类及标准

	文件类	物品类
定义	指用信封包装，单票重量不超过 0.2 千克的快件	指单票重量在 0.2 千克以上 3 千克以内，单件长、宽、高三边之和小于 100 厘米的快件。物品包装以内件不怕压、稳固、摇晃不动为准

续　表

	文件类	物品类
打包方法	(1) 以 10 票为基数，对于到达同一集散、分拨中心区域的，每 10 票打一个文件包。多于 3 票而不足 10 票的，也须单独打一个包。 (2) 对到达同一集散、分拨中转区域的快件不足 3 票的，可以打混包，交由下一集散、分拨中心打包。 (3) 每 10 票快件为一个单位，用塑料袋包装好，然后用胶带以“井”字形在塑料袋上缠两圈。 (4) 对多于 3 票少于 10 票的快件按上述同样方法打包，不足 3 票的打混包	(1) 5 票以上必须单独打包。打包后最大重量不得超过 40 千克，最小不低于 2 千克，体积不得小于 0.3 立方米，打包后的包内快件距离袋口上限为 25 厘米，并在快件和箱口 12 厘米处进行 90 度折回，对袋口统一使用施封口。 (2) 不足 5 票的，打混包，交由下一集散（分拨）中心打包。 (3) 物品打包时，必须遵循“大不压小、重不压轻、分类整齐摆放、易碎件单独存放”的原则，合理高效的利用袋子容量
注意事项	信封内件不得带有棱角，以免刺破信封露出来，导致快件短缺、遗失	单票重量不超过 3 千克、包装外表面有突出的钉、钩、刺的货物或其他不宜入包的快件，不打包，做单件发运

2. 快件合包流程

（1）按陆运件、空运件、网点派送件进行分类归集。

（2）然后将待装包快件的逐票单号扫描（发件出库）。

（3）区分文件和物品分别进行包装，装包完成后，确定包内快件票数以便查询和查找快件。

（4）合包操作完后进行封口，并把采集的包内数据和封口标签上传，方便下一目的地进行数据对比。

（5）合包完成后在包外用大头笔注明：货签号、目的地集散、分拨中心、公司名称，如不注明此项造成的快件遗失、错发，责任由发件的集散、分拨中心承担。

（6）如果发往下一集散、分拨中心或是公司有 VIP 件、COD 件等特殊件的，要做好交接清单，清单上注明特殊件的数量，同时让驾驶员（押运员）在交接清单上签字，明确责任。

（7）如果发往下一站是通过第三方物流公司运输的，还须在外包装上注明收件人姓名、电话；通过铁路运输的，还应当传真包裹单，同时在电话或电子邮件、OA 系统内网指定留言等任一方式告知下一站点应提货数量。

3. 合包信息的录入

快件合包操作完成后，分拣员需登录运输管理系统将合包信息录入 TMS 系统，便于查询，一般填写内容见图 5－10。

合包号	GL108590		合包人	×××		配载要求	无
到达城市	上海		总件数	2		总重量	3.5kg
送达时限	2014 年 8 月 10 日 18：00						
运单号	品名	到达地			重量	件数	到达时限
302242987636	衣服	上海市浦东新区柳路 100 号			1.5kg	1	2014 年 8 月 10 日 18：00
302242987557	书籍	上海市徐汇区中山西路 1277 号			2kg	1	2014 年 8 月 10 日 18：00

图 5－10　合包信息

二、快件合包的准备内容（见表 5－7）

表 5－7　　快件合包的准备内容

项目	准备内容	
环境准备	设备/道具	快件、包装箱、包装袋、胶带、美工刀、记号笔
	主要涉及岗位角色	分拣员
	软件	网络系统、办公软件
	涉及单据	快递单、交接清单
制订计划	步骤一	掌握快件合包的要求及注意事项
	步骤二	掌握快件合包的操作步骤

任务实施

步骤一：判断快件是否可以进行合包

李雯查看分拣完后的快件，得知文件类的快件数量为 9 票，物品类的快件为 7 票，这些货物都是将要发往西安的快件，且信封内件无带有棱角、能刺破信封的物品，物品包装内件不怕压、稳固、摇晃不动。

同时查找公司相关合包标准的文件知道：以 10 票为基数，对于到达同一集散、分拨中心区域的，每 10 票打一个文件包。多于 3 票而不足 10 票的，也须单独打一个包；物品类 5 票以上必须单独打包，不足 5 票的，打混包，交由下一集散（分拨）中心打包。

综上得出快件可以进行合包。

步骤二：合包操作

对于文件类的每 10 票快件为一个单位，用塑料袋包装好，然后用胶带以“井”字形在塑料袋上缠两圈，见图 5－11；对多于 3 票少于 10 票的快件按上述同样方法打包，不足 3 票的打混包。该批文件类的快件有 9 票，可以装 2 个整包。

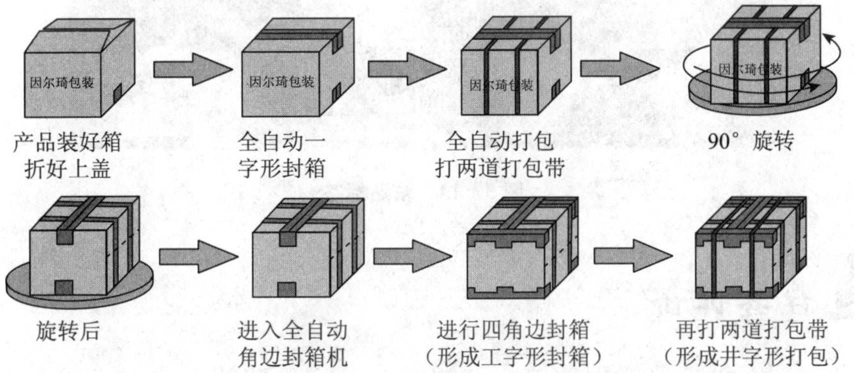

图 5－11　井字打包法

对于物品类的有 7 票，每 5 个可以装 1 个包，剩下的 3 个装一个交由下一集散（分拨）中心打包。

步骤三：合包信息的录入

将这些合包的货物信息逐个录入电脑的操作系统，系统会自动生成并打印出合包时使用合包条码标签。

步骤四：打印合包标签

根据合包标签的制作要求，正确制作合包标签，并打印出来（见图 5－12）。

图 5－12　标签打印

贴在合包的最外面、最醒目的位置上，见图 5－13。

图 5-13　粘贴标签

任务评价

姓名			学号		专业		
任务名称		快件合包					
考核内容		考核标准	参考分值	学生自评	小组互评	教师评价	考核得分
职业素养	1	具有团结合作的精神	10				
	2	完成工作任务时认真负责的态度	10				
理论知识评价	3	掌握快件合包的要求及注意事项	15				
	4	掌握快件合包的操作步骤	15				
技能操作评价	5	合理、规范地进行合包操作	10				
	6	正确地完成合包信息的录入	20				
	7	正确的制作和打印合包标签	20				
总得分			100				

任务拓展

王媛是某快递公司的一名员工，今天她的任务是查看分拣完成的快件，发现有 2 箱酒、5 封信、1 床棉被、6 个玻璃杯，她需要判断快件是否需要进行合包操作，并对需要合包的快件进行合包操作，该怎么完成这个工作任务呢？

任务资料

宅急送的合包操作规范及合包的标准

宅急送自1994年成立以来，恪守这一经营训诫，以跨越式发展，在全国建立起庞大的直营快递网络，形成华北、华东、华南、东北、西北、西南6大区域的全国性网络格局——内陆地区网点遍及市县，沿海地区网点深入乡镇，共计可为全国超过2000多个城市和地区提供快捷、可靠的快递服务，见图5-14。

图5-14 宅急送

宅急送的合包操作规范及合包标准如下：

1. 需要合包操作的情况一般有以下五种

(1) 单件重量，三边之和＜100厘米，件的货物必须合包。

(2) 中转货物与派送货物分开合包。

(3) 要求必须是同一类型的快件，不能将贵重物品、易碎物品与普通快件进行合包操作。

(4) 同一目的地。

(5) 对合包过程中发现的危品进行剔除，比如说快递限运品。

2. 合包操作过程

(1) 将需要合包的快件装在同一个合包袋中，合包施封应采用穿刺合包法，用封口签封口。

(2) 将合包信息录入系统，系统会自动生成并打印出合包时使用合包条码标签，见图5-15。

宅急送	1
FR:深圳分公司	
TO:北京市海淀区	
4517527700	

图 5－15　宅急送的合包条码标签

(3) 将打印好的合包标签贴在合包袋上，并在合包标签上标注到达城市。同时，在合包袋上用油性笔标注签号、合同号、到达城市、是否中转等信息。

合包最多进行 3 次操作（见图 5－16）：

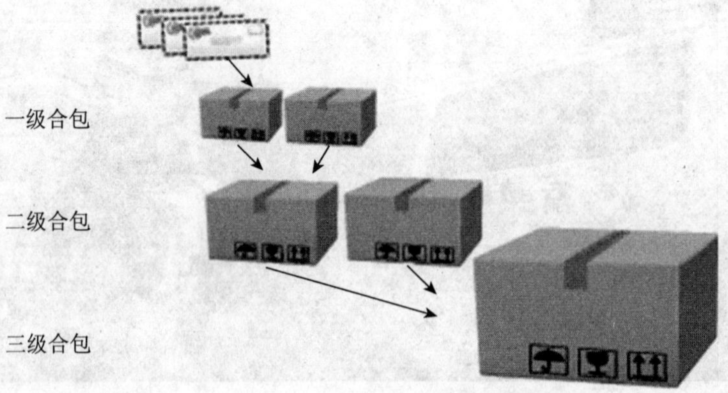

图 5－16　宅急送的 3 级合包操作

任务三　快件分拣异常处理

任务导入

某快递公司的分拣中心在进行快件分拣时，发现有几个快件上的运单破损了，还有的内件有响动或晃动及翻滚，外包装不够坚固和污损等问题，需要李明及时地将这些快件进行处理，他该怎么处理呢?

任务分析

针对本任务，分析相关内容如下：

一、快件分拣异常情况

1. 无法分拣和分拣易发生的错误情况（见表 5－8）

表 5－8　　无法分拣和分拣易发生错误的情况

异常情况	处理办法
快件运单脱落、破损	需要重新填写一份运单替代原运单寄递快件。如果重新开单，须及时告知客户重新开单的原因，以及把新的单号告知客户，以便客户查询
快件外包装有两张运单或一个运单填写有两个寄达目的地地址	给客户打电话说明情况，确定寄达地址
地址填写错误或邮编、电话区号、寄达目的地填写错误	根据运单上的信息，联系客户，核对后，重新填写正确信息
填写的街路不清楚或只写街路而无门牌号	给客户打电话说明情况，确定填写的地址正确
寄达地址用同音字代替或使用相似字	给客户打电话说明情况，确定填写的地址正确
运单目的地栏填写或记号笔填写与收件人地址不符	给客户打电话说明情况，核对地址

2. 不符合要求的快件种类（见表 5－9）

表 5－9　　不符合要求的快件种类

<table>
<tr><th>种类</th><th>图片</th></tr>
<tr><td>重量：单件重量超过 50kg</td><td>
<table>
<tr><td rowspan="4">件数</td><td rowspan="4">1</td><td colspan="2">包装尺寸/cm（约）</td></tr>
<tr><td>长度</td><td>210cm</td></tr>
<tr><td>宽度</td><td>65cm</td></tr>
<tr><td>高度</td><td>30cm</td></tr>
</table>
<table>
<tr><td>包装毛重/kg（约）</td><td>200kg</td><td>包装体积/m³（约）</td><td>0.18</td></tr>
</table>
</td></tr>
<tr><td>规格：单件体积长或高超过 150cm，长、宽、高三边之和超过 300cm</td><td>【尺寸】：灯体高 163cm、底座宽 25cm、灯罩高 23cm、灯罩宽 38cm
【材质】：高档布艺灯罩、铁艺灯体
【适合光源】：白炽灯、LED 灯（需自备）
【台灯净重】：5.35kg
【适用场合】：客厅、卧室、书房、玄关等</td></tr>
</table>

续表

种类	图片
航空禁运快件未加标志。如“汽运”	
包装（封装）：内衬或充填物过于简单，内件有响动或晃动及翻滚，外包装不够坚固和污损等异常快件	

3. 超越服务范围的快件

（1）快递公司快递网络未覆盖地区。

（2）虽然快递网络覆盖，但不在派送的服务区及未开办某些特殊业务的区域（如到付、代收货款等）。

二、快件分拣异常处理的准备内容（见表 5－10）

表 5－10　　快件分拣异常处理的准备内容

项目		准备内容
环境准备	设备/道具	快件、包装箱、包装袋、胶带、美工刀、记号笔
	主要涉及岗位角色	分拣员
	软件	网络系统、办公软件
	涉及单据	快递单、交接清单、快件异常处理登记表
制订计划	步骤一	掌握快件分拣异常的原因
	步骤二	掌握出现分拣异常的种类
	步骤三	掌握处理这些异常的基本原则和方法

任务实施

步骤一：分析异常情况发生的原因

李明看了这些异常快件，迅速拿出一张快件异常情况登记表，见表 5-11：

表 5-11　　快件异常情况登记表 1

快件异常情况	异常情况说明	异常情况处理方法

根据出现的异常情况，李明需将前面两列填补完整，见表 5-12：

表 5-12　　快件异常情况登记表 2

快件异常情况	异常情况说明	异常情况处理方法
快件运单破损	运输中出现的失误	
包装（封装）：内衬或充填物过于简单，内件有响动或晃动及翻滚，外包装不够坚固和污损等	包装存在不严密性	

步骤二：处理异常情况

李明分析完异常情况的原因后，开始处理这些问题，并填入表 5-13 中，结果见表 5-13：

表 5-13　　快件异常情况登记表 3

快件异常情况	异常情况说明	异常情况处理方法
快件运单破损	运输中出现的失误	需要重新填写一份运单替代原运单寄递快件。如果重新开单，须及时告知客户重新开单的原因，以及把新的单号告知客户，以便客户查询
包装（封装）：内衬或充填物过于简单，内件有响动或晃动及翻滚，外包装不够坚固和污损等	包装存在不严密性	再重新进行包装，加固

任务评价

姓名			学号		专业		
任务名称		快件分拣异常处理					
考核内容		考核标准	参考分值	学生自评	小组互评	教师评价	考核得分
职业素养	1	具有团结合作的精神	10				
	2	完成工作任务时认真负责的态度	15				
理论知识评价	3	掌握快件分拣异常的原因	15				
	4	掌握出现分拣异常的种类	20				
技能操作评价	5	能够规范、合理地处理分拣异常	20				
	6	掌握处理这些异常的基本原则和方法	20				
总得分			100				

任务拓展

某快递公司的分拣中心在进行快件分拣时，发现有几个快件上的运单的地址写错了，还有的超限了、超重了等问题，需要薛康及时地将这些快件进行处理，他该怎么处理呢?

任务资料

韵达快递快件分拣异常的处理办法

韵达快递是中国特色的物流及快递品牌之一，现已在全国设立70多家分拨中心，4000多个服务站点，公司员工6万多人。公司主要以人工分拣为主，在快件分拣出现异常时一般处理流程见图5-17。

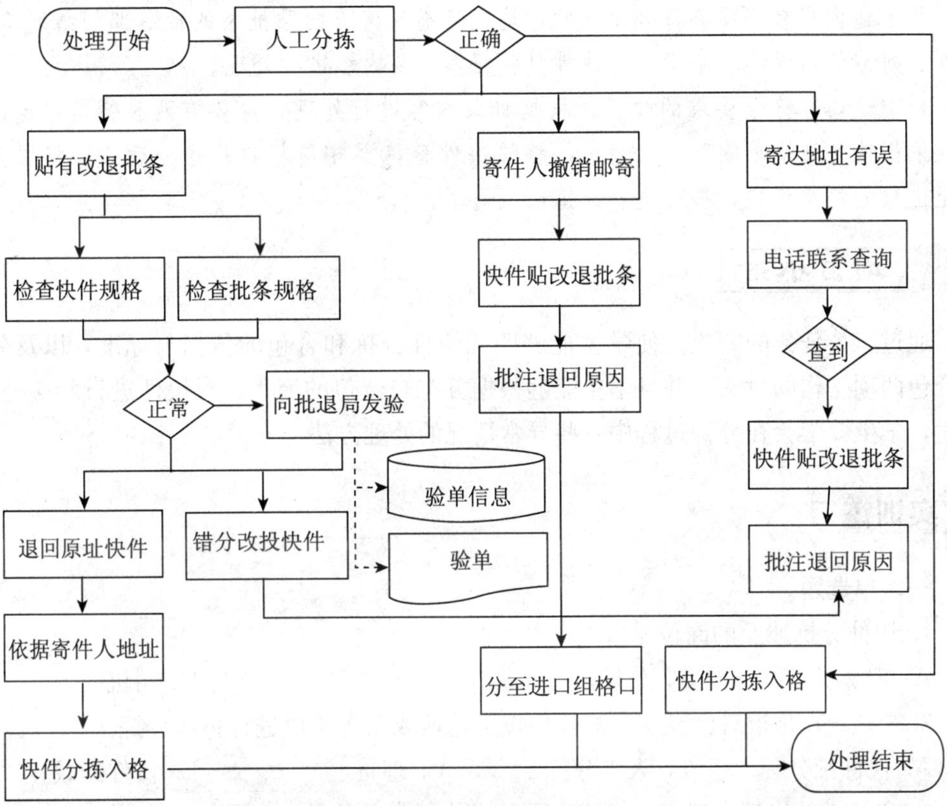

图 5－17　快件分拣异常处理流程

具体的处理说明如下。

①寄件人要求撤销。遇有寄件人要求撤销邮寄的快件，应粘贴改退批条，注明退回原因，快件分入进口分拣班组的格口，扫描快件条码生成封发清单后，快件交进口分拣人员签收处理。

②寄达地址有误。分拣时，如遇快件寄达地址的省、市、县等地名有误，应交班长或质检员处理。快件详情单上有寄件人或收件人联系电话的，由班长或质检员通过电话问询，确认正确地址后，快件贴批条，批注“经问询寄件人，快件寄达地名为×××”字样，加盖日期戳和经手人名章后，再分拣入格。既无用户联系电话，也无法根据分拣资料确认快件寄达地名的，快件贴改退批条，批注“地名有误，××省无××市（县）”字样，加盖日期戳和经手人名章后，分拣至进口组格口，退回收寄点。

③贴有改退批条。对于贴有改退批条的快件，应首先检查以下内容：快件规格是否完好，快件包装有无破损，拆动痕迹，快件实物重量与详情单标重是否相符，是否按规定使用邮政专用胶带捆扎或粘贴封口，快件详情单是否齐全、完好，批条是否符合规则要求，是否是印制的专用改退批条，批条填写内容是否明确、清楚，有无日期戳和经手人签章，是否符合快件处理规则要求。（注：特快专递快件只能改投新址或退回原址，不得改寄新地）

凡上述内容有一项不符合要求的，均应将不符情节向贴批条的批退部门缮发验单，以纠正对方的错误和验明责任。快件复验根据批条内容进行处理。

对上述内容符合要求的快件，根据批条内容进行处理，主要有两种情况：退回原址：依据快件详情单的寄件人地址，将该快件分拣至相应格口；错分改投：将快件分拣至进口分拣组格口，移交进口分拣班组处理。

项目小结

通过三个任务的完成，使学生能够明确快件分拣和合包的依据与标准，以及分拣和合包两项工作的意义。并且学生能够根据分拣与合包的流程，对快件进行相应处理。同时，学生要学会在分拣过程中一些异常情况的处理方法。

实训练习

一、单选题

1. 快件分拣涉及的岗位是（　　）。

A. 理货员　　B. 分拣员　　C. 派送员　　D. 司机

2. （　　）是指对已经初分的快件按寄达地或派送路段进行再次分拣。

A. 快件细分　　B. 人工分拣　　C. 理货　　D. 快件卸载

3. 文件类的快件合包每（　　）票快件为一个单位。

A. 5　　B. 10　　C. 15　　D. 20

4. 单件重量超过（　　）kg 是不符合要求的快件。

A. 20　　B. 30　　C. 40　　D. 50

5. 合包完成后在包外用大头笔注明：货签号、目的地集散、（　　）和公司名称。

A. 收货人　　B. 发货人　　C. 分拨中心　　D. 重量

二、判断题

1. 快件卸载时，应在车辆停靠稳妥后进行卸载作业，进出车厢使用防护扶手，避免摔伤。（　　）

2. 卸载体积偏大、偏重的总包，可以独立完成作业以及使用设备卸载。（　　）

3. 快件分拣方式分为人工分拣和分拣机自动分拣。（　　）

4. 单票重量不超过 3 千克、包装外表面有突出的钉、钩、刺的货物或其他不宜入包的快件，不打包，做单件发运。（　　）

5. 寄达地址填写时，可以用同音字代替或使用相似字。（　　）

三、简答题

1. 简述快件手工分拣作业的流程及要点。

2. 快件的初分的含义是什么？

3. 文件类快件合包的打包方法有哪些？

4. 物品类快件合包的打包方法有哪些?

5. 快递单脱落或者破损的处理方法是什么?

答案:

一、单选题

1.B 2.A 3.B 4.D 5.C

二、判断题

1.√ 2.× 3.× 4.√ 5.×

三、简答题（略）

项目六　快件封发

通过项目六学习快件的封装与发运，在这个环节中，快递公司将单一的快件或者合包的快件依照规则形成总包，经过封装后发运到目的地或者下一个分拣站。相当于运输过程中的干线运输阶段。教学内容围绕快件总包展开，包括：总包的形成规则规范、总包路单和路牌的填制、总包装载的操作流程，以及装载后运输车辆的封志。

学习目标

● 知识目标

了解快件总包封装的标准；

熟悉快件总包装载和车辆施封的流程。

● 能力目标

能够填写总包路单和标牌；

能够依照标准对快件进行总包封装；

能够正确完成总包的堆码和装载；

能够对总包运输车辆完成施封。

● 情感目标

培养学生改进工作方法提高工作效率的能力；

养成学生细致谨慎的工作态度。

任务一　快件封装

任务导入

武阳是某快递公司的一名员工，在经过快件分拣后，运往同一转运中心的快件被分拣到一起，武阳需要将同一目的地的快件进行总包封装。这个总包封装的任务该怎么完成呢？

任务分析

针对本任务，分析相关内容如下：

一、快件封装概述

1. 快件封发清单

快件封发清单是快件传递处理的记录，是登列总包始发地、目的地、号码以及总包内快件号码、寄达地等内容的特定单式，是各个环节接收和处理快件的依据（见图 6－1）。

发日　　　　第　号第　页　　　　发日
　　　　　　自　局至　局

号码	封发日期		封发时间	自 至	总页数　页号
邮件编号	收寄局	备注	邮件编号	收寄局	备注
1			2		
3			4		
5			6		
7			8		
9			10		
11			12		
13			14		
15			16		
17			18		
19			20		
封发人员签章			接收人员签章		合计

物流方向：　　　物流方式：　　　NO：

运单号	货物内容	货物体积	件数	实际重量	收件地址	备注

总件数：　　　总重量：

制单人：　　　发运方签字：　　　接收方签字：

图 6－1　快件封装清单样式

登单就是登记快件封发清单，实现快件总包中寄往同一方向及其经传范围的快件相关信息的记录和传递（见表 6－1）。

表 6－1　　登单的方式

登单的方式	具体内容
手工登单	手工在专用纸质清单上登记快件号码、寄达地等信息
扫描登单	人工或机器采用条码扫描设备扫描并录入条码信息

2. 总包包牌

总包包牌也叫包签，指拴挂或粘贴在快件总包袋指定位置上的信息标志，在邮政系统中称为袋牌。正确辨认和使用包牌，能够减少差错、加快快件传递速度（见图 6－2）。

图 6 - 2　总包包牌样式

不同快递企业使用的包牌不同，在同一快递企业内部，有些需要特殊作业处理的快件与其他普通快件使用的包牌也有区别，但是包牌所包含的信息大多相同，主要包括：到站、发站、总件数、重量等。

3. 总包封装

总包封装是指将多个发往同一寄达地的快件集中规范的放置在包袋或容器中，并将包袋或容器口封扎的过程称为总包封装（见图 6 - 3）。

图 6 - 3　总包封装

总包封装有两种方式（见表 6 - 2）：

表 6 - 2　总包封装的两种方式

	定义	特点
直封	快件分拣中心按快件的寄达地点把快件封发给到达城市分拣中心的一张分拣方式	一次就可分拣、封发完毕，直接进行快件的派送处理
中转	快件分拣中心把寄达地点的快件封发给相关的中途分拣中心经再次分拣处理，然后封发给寄达城市分拣中心的一种分拣方式	可使快件处理量相对集中，便于合理组织处理快件和采用机械设备分拣

总包封装的标准

（1）选用大小适宜的包装，使用总包空袋的大小，应根据快件的数量和体积合理选用，切忌用大号总包空袋封装少量快件。

（2）将预制的包装贴在空袋一侧，其粘贴位置根据快件的盛装的多少而定，但应在总包封扎后的中上部为宜。

（3）将制作清单后的快件，按重不压轻、大不压小、结实打底、方下圆上、规则形放下、不规则形放上的原则装袋。

（4）内件为易碎和液体的快件单独封袋或与其他快件混封要放在最上层。

（5）信件型快件与包裹型快件及保价快件、代收货款、到付快件、限时快件分别封装总包袋，如果采用混合封装方式信件型快件要捆扎成捆。

（6）快件封袋时，运单向上摆放。

（7）快件装完袋后需随袋走的封发清单，要放入特别的封套入袋，对总包盛装不能过满，装袋不超过整袋的2/3，重量不超过32千克。

（8）使用专用或特制的绳或塑料封带，在贴近快件处将总包袋扎紧封口。

4. 总包路单

总包路单记录了快件总包的封发日期、接收日期、封发路由、总包数量和种类、总包总重量、原寄地等详细信息。

总包路单是用于运输各个环节交接的单据。使用总包路单可以明确责任，使交接过程有凭有据，也可以起到预告到货信息的作用，方便下一站提前做好接收准备（见图6-4）。

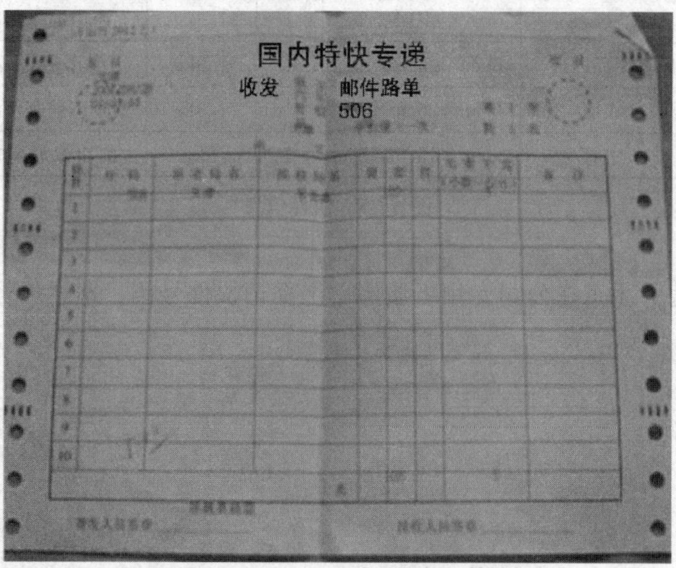
国内特快专递
收发　邮件路单
506

图6-4　总包路单

二、快件封装的准备内容（见表 6－3）

表 6－3　快件封装的准备内容

项目	准备内容	
环境准备	设备/道具	电脑、包装袋、包牌、专用绳子
	主要涉及岗位角色	分拣员
	软件	网络系统、办公软件
	涉及单据	快递单、封发清单、总包路单
制订计划	步骤一	了解封发清单的内容及作用
	步骤二	了解总包包牌的内容及作用
	步骤三	掌握总包封装的要求及标准
	步骤四	掌握总包路单的主要内容

任务实施

步骤一：制作封发清单

武阳所在的公司现有快件很多，其中从北京发往上海的信息见图 6－5。

运单号	货物内容	货物体积	件数	实际重量	收件地址
302242987609	吹风机	20cm×15cm×20cm	1	1.5kg	上海市浦东新区源深路 655 号
302242987645	床上用品四件套	45cm×35cm×15cm	1	1.9kg	上海市闸北区大宁路 1000 号
302242987636	衣服	32cm×20cm×5cm	1	1.5kg	上海市浦东新区长柳路 100 号
302242987557	书籍	20cm×15cm×5cm	1	2kg	上海市徐汇区中山西路 1277 号

图 6－5　快件信息

根据此信息，手工在公司专用纸质清单上登记快件号码、寄达地等信息，结果见图 6－6。

物流方向：北京·上海　　　　物流方式：　　　　NO. 10033

运单号	货物内容	货物体积	件数	实际重量	收件地址	备注
302242987609	吹风机	20cm×15cm×20cm	1	1.5kg	上海市浦东新区源深路 655 号	
302242987645	床上用品四件套	45cm×35cm×15cm	1	1.9kg	上海市闸北区大宁路 1000 号	
302242987636	衣服	32cm×20cm×5cm	1	1.5kg	上海市浦东新区长柳路 100 号	
302242987557	书籍	20cm×15cm×5cm	1	2kg	上海市徐汇区中山西路 1277 号	

总件数：4　　　　总重量：6.9kg

制单人：　　　　发运方签字：　　　　接收方签字：

图 6－6　快件封发清单

步骤二：制作总包包牌

武阳需要制作总包包牌，而制作总包包牌有两种方式：操作系统自动生成和手工制作，这两种方式公司均使用，其制作过程见表 6－4。

表 6－4　　总包包牌制作过程

操作系统自动生成包牌	手工制作包牌
检查操作系统存储的快件扫描信息； 对操作系统输入打印包牌的指令； 用与操作系统连接的打印设备打印出指定内容的条码总包包牌； 包牌含有总包、寄达地等信息； 检查是否有需手工补充的信息	检查只预测唯一条码的总包包牌，或包含信息较少的包牌缺漏项目； 使用汉字和阿拉伯数字规范填写包牌各栏目内容，不得涂改或书写潦草； 要求使用笔头直径在毫米以上的油性唛头笔填写； 检查联和联内容是否准确一致

总包包牌的制作尺寸，一般见图 6－7。

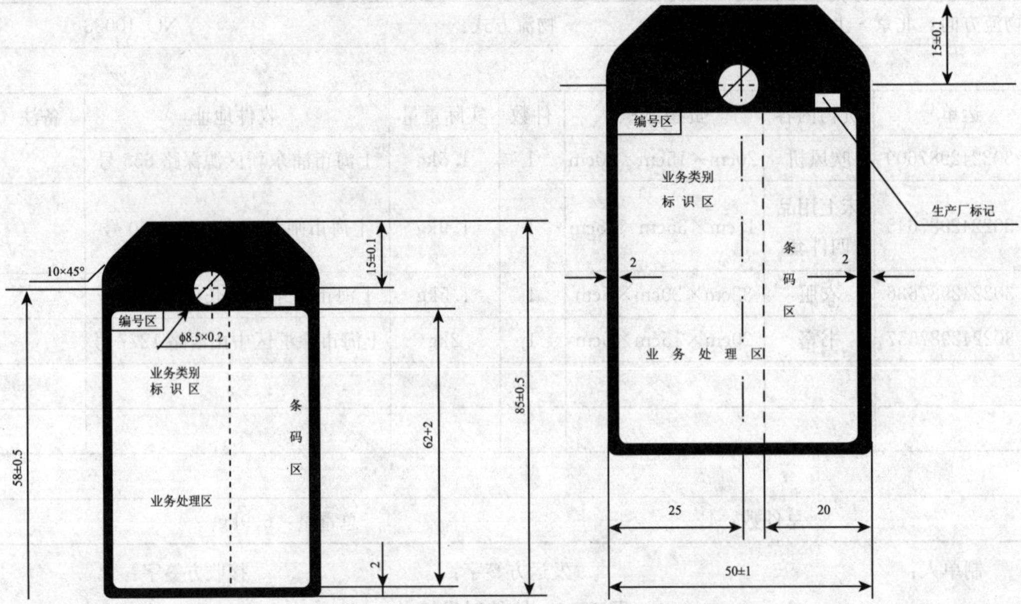

图 6－7　总包包牌的制作尺寸及样式

根据武阳所在公司的实际情况，最后制作出总包包牌见图 6－8：

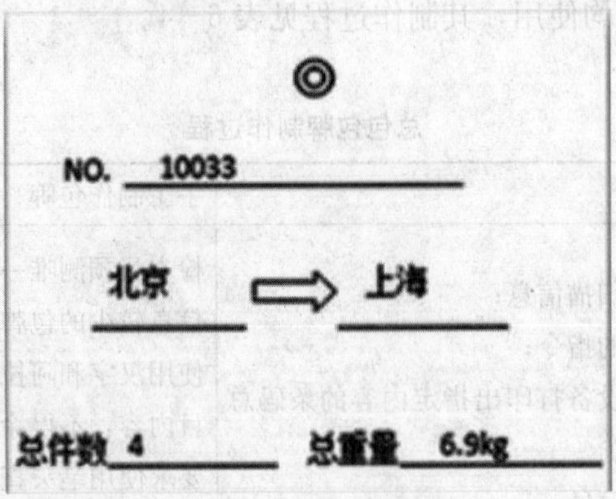

图 6－8　总包包牌

步骤三：进行总包封装

1. 选用大小适宜的包袋

根据快件的数量为 4，重量为 6.9kg，吹风机、床上用品、书籍、衣服，选择棉质、尼龙质地的袋子（见图 6－9）。

图 6－9　总包袋

2. 将规范的总包空袋置于撑袋架或撑袋车上（见图 6－10）

图 6－10　撑袋机

3. 装入快件及封发清单

按“重不压轻，大不压小，结实打底，方下圆上，规则形放下，不规则放上”原则将该批货物装袋，见图 6－11。

图 6－11　装入快件

4. 封扎袋口并拴总包包牌

在贴近快件处使用专用的拴有总包包牌的绳或塑料封袋将总包袋口扎紧（见图 6-12）。

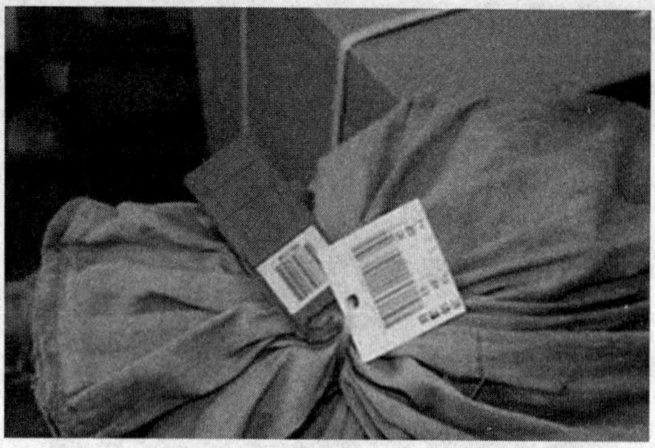

图 6-12　拴包牌

步骤四：制作总包路单

武阳启动操作系统，输入自己的密码进入系统，调出登录总包路单模块，设定发运方式、寄达地代码、快件类型、发运班次等信息，系统自动调取预制总包号码、重量、目的地等信息形成总包路单。

任务评价

姓名			学号		专业		
任务名称		快件封装					
考核内容		考核标准	参考分值	学生自评	小组互评	教师评价	考核得分
职业素养	1	具有团结合作的精神	10				
	2	完成工作任务时认真负责的态度	10				
理论知识评价	3	了解封发清单的内容及作用	10				
	4	了解总包包牌的内容及作用	10				
	5	掌握总包封装的要求及标准	10				
	6	掌握总包路单的主要内容	10				
技能操作评价	7	正确制作封发清单	10				
	8	正确制作总包包牌	10				
	9	总包封装符合要求	10				
	10	正确填写总包路单	10				
总得分			100				

任务拓展

靳小新是某快递公司的一名员工，在经过快件分拣后，运往同一转运中心的快件被分拣到一起，有几件大型的快件，靳小新需要这几个快件进行总包封装。如何才能很好地完成呢?

任务资料

中国邮政的封发清单（见图 6-13）、总包包牌（见图 6-14）、总包路单集（见图 6-15）：

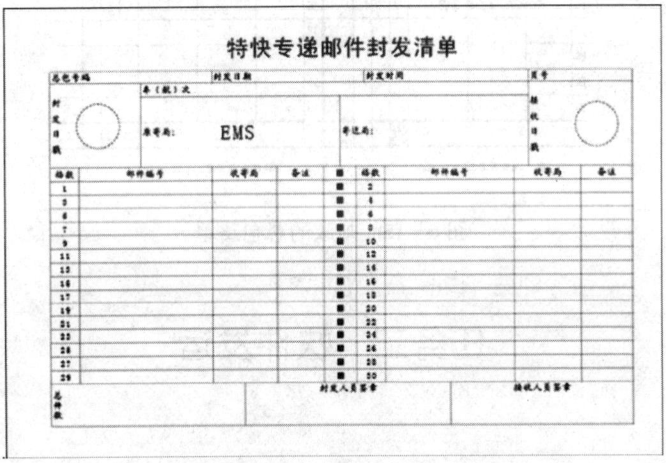

图 6-13　特快专递邮件封发清单

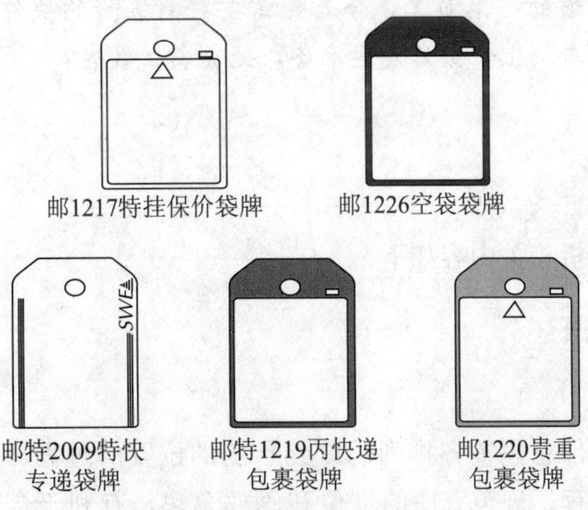

图 6-14　邮政的总包包牌

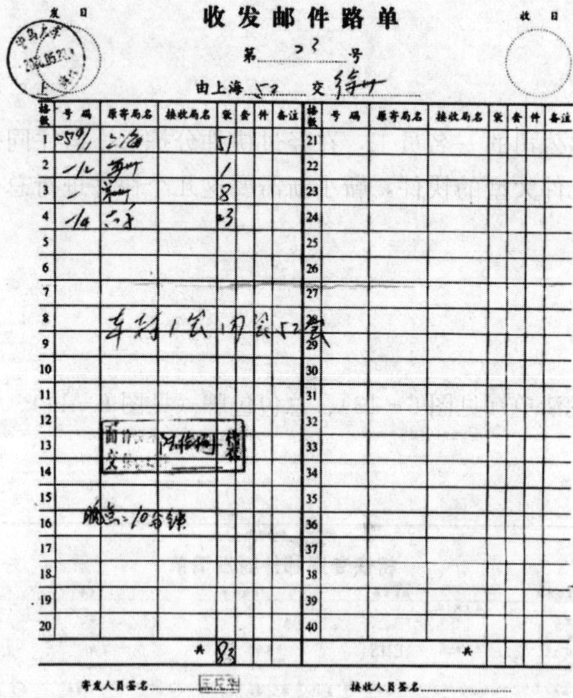

收发邮件路单

第 2? 号

由上海 53 交 徐州

发日 收日

格数	号码	原寄局名	接收局名	袋	套	件	备注	格数	号码	原寄局名	接收局名	袋	套	件	备注
1	659/1	上海		51				21							
2	-/2	苏州		1				22							
3	-/	徐州		8				23							
4	-/4	六合		23				24							
5								25							
6								26							
7								27							
8								28							
9								29							
10								30							
11								31							
12								32							
13								33							
14								34							
15								35							
16								36							
17								37							
18								38							
19								39							
20								40							
	共			83					共						

寄发人员签名 接收人员签名

图 6-15　邮政的总包路单

任务二　快件发运

任务导入

张晓欢是小马快递的一名员工，今天她需要将封装好的快件，根据目的地，进行堆码，并搬运至运输车辆上，做好发运准备，她会怎么做呢?

任务分析

针对本任务，分析相关内容如下：

一、快件发运概述

1. 总包堆码

将分拣封装的快件总包整齐排列码放到指定的位置的过程，即是总包集中码放的过程，也是堆位的过程。规范有序的堆位和码放总包，有利于合理规划区域空间，梳理作业程序，保证快件处理时间上的合理性和有序性（见图 6-16)。

图 6-16 总包堆码

总包堆码过程的基本要求：

(1) 根据不同航班和车次及赶发时限的先后顺序堆位。搭载同一个航班或同一个车次的总包，即使寄达目的地不同，也应该集中堆放。对通一个车次不同卸货点的总包快件，应该按方便装车的顺序进行码放。

(2) 车次或航班代码和文字等相近、相似的堆位要相互远离，以免混淆。

(3) 各堆位之间应有明显的隔离或标志，留有通道。通道宽度一般为 20cm～30cm。

(4) 快件总包应立式放置，整齐划一排列成行，高度以一层为宜。

(5) 代收货款、到付快件和优先快件应单独码放。遇到对码放有特殊要求的总包单件，如易碎快件，应按要求码放。

(6) 堆放总包时，不得有扔、摔、拖、拽等损伤快件的行为，并应保护袋牌和包签不被损坏或污染。对于较轻的总包，用手握住袋口向上提起，放到指定堆位；对于较重的总包，双手抓住袋身或专用提袋向上提起，放到指定堆位。

(7) 堆放在托盘或移动工具上的总包，应结合工具的载重量标准和安全要求码放，但码放高度不宜超过工具的护栏或扶手。

2. 总包装载

总包装载是快件发运的重要环节之一，其基本要求是：

(1) 装车工作应由两个人（两个以上）协同作业，见图 6-17。

图 6-17 总包装车

（2）逐层码放，大袋、重袋堆在下部，规则形总包堆在下部，不规则形总包放在上部，不耐压、易碎包放在上层。

（3）满载时（要按载重标志）：要从里面逐层码高后向外堆码，结实打底，较小的总包放在中间压住大袋袋口，堵放在低凹和空隙处。

（4）数量不到满载的，车厢里层最高，层次逐渐外移降低，这样可防止车辆启动、制动过程堆位倒塌造成混堆，造成卸错或漏卸。

（5）数量半载的，里层高度可稍低，比照上条所述堆码，不可以只装半箱，造成前段或后端偏重。

（6）严禁将快件均码在车厢的左侧或右侧，造成侧重不利于行车安全。

（7）装卸具有两个以上装卸点的汽车，要按照“先出后进”“先远后近”的原则装载总包，堆位之间应袋底相对，也可用隔离网分隔。分隔方法有两端分隔和逐层分隔。

3. 车辆封志

车辆封志是固封在快件运输车辆车门的一种特殊封志，其作用是防止车辆在运输途中被打开，保证已封车辆完整地由甲地运到乙地（见图 6－18）。

图 6－18　车辆封志

车辆封志的分类：

（1）信息封志：卫星定位系统、地理信息系统。

（2）实物封志：封条、封签条、铅封、施封锁（见图 6－19～图 6－22）。

图 6－19　封条

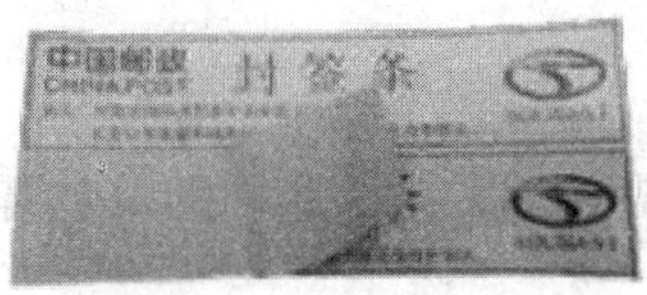

图 6-20　封签条

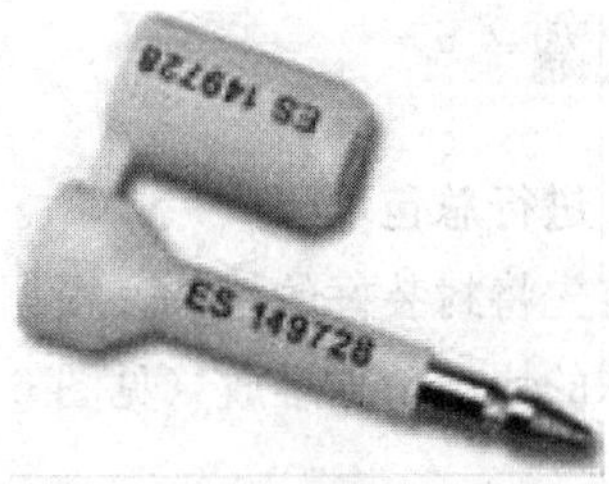

图 6-21　铅封

图 6-22　施封锁

建立车辆封志的注意事项：

施封前要检查车辆封志是否符合要求，GPS 定位系统是否正常。

施封时，场地人员和司押人员必须同时在场。

施封后的封志要牢固不能被抽出或捋下。

施封过程中要保证条码完好无损。

核对封志的条码与出站快件交接单登记的号码是否一致。

二、快件发运的准备内容（见表 6-5）

表 6-5　快件发运的准备内容

项目	准备内容	
环境准备	设备/道具	电脑、车辆封志
	主要涉及岗位角色	分拣员
	软件	网络系统、办公软件
	涉及单据	快递单、封发清单、总包路单
制订计划	步骤一	掌握总包堆码的基本要求
	步骤二	了解车辆封志的种类及作用
	步骤三	掌握装车的合理顺序

任务实施

步骤一：进行总包堆码

张晓欢首先将封装好的快件，根据其寄达的目的地，相同的总包集中堆放在一起，易碎的、特殊的快件单独堆放（见图 6－23）。

图 6－23　总包堆码

步骤二：安排装车顺序

堆码完了，张晓欢叫来两名装卸工，对这批货物进行装车作业，她在旁边负责监督和登记，装车的顺序按照“先远后近”“先重后轻”“先规则后不规则”的原则，装车过程中注意安全，保护好总包（见图 6－24）。

图 6－24　总包装车

步骤三：建立车辆封志

总包装载结束后，由车辆的押运人员或驾驶员将车门关闭。将车辆封志加封在车门指定位置，车辆押运人员或驾驶员监督车辆施封过程（见图 6－25）。

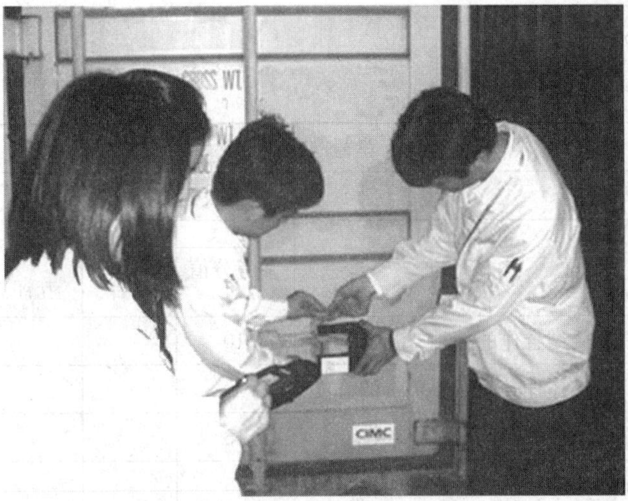

图 6-25　车辆封志加封

然后将塑料条码封条尾部插入车辆锁孔中，再穿入条码封条顶部的扣眼中，用力收紧，并检查施封是否完好（见图 6-26）。

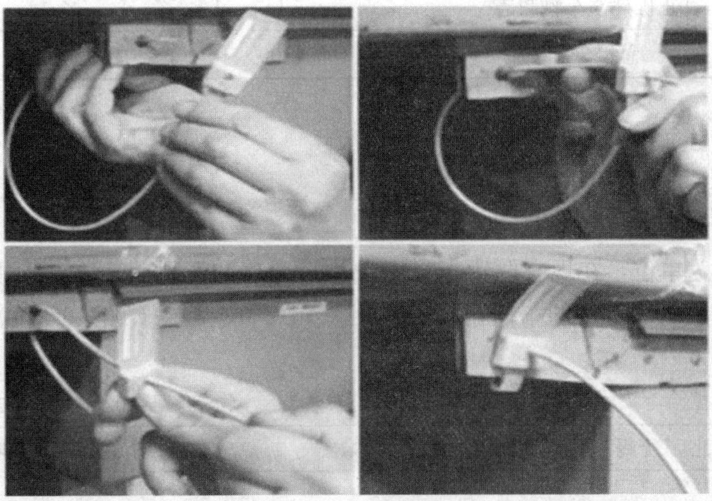

图 6-26　施封条码

将施封的条码号登记在出站快件的交接单上。最后，张晓欢、车辆押运人员或驾驶员与场地负责人等在交接单上签字确认。

任务评价

姓名			学号		专业		
任务名称		快件发运					
考核内容		考核标准	参考分值	学生自评	小组互评	教师评价	考核得分
职业素养	1	具有团结合作的精神	10				
	2	完成工作任务时认真负责的态度	10				
理论知识评价	3	掌握总包堆码的基本要求	15				
	4	了解车辆封志的种类及作用	15				
	5	掌握装车的合理顺序	15				
技能操作评价	6	正确进行总包堆码，符合堆码要求	10				
	7	安排的装车顺序合理	10				
	8	正确建立车辆封志	15				
总得分			100				

任务拓展

请以小组为单位，在现有两辆车封志中挑选合格的车辆封志，并模拟车辆施封过程为车牌号为京 KH0937 的车辆施加车辆封志。快件交接单（见图 6－27）。

物流序号：0201200070023526762

物流方向：北京-无锡　　物流司机：×××　　物流时间：20140812 18：00

单据类型：长途物流交接单　　物流单位：北京分拨中心

总件数：1　　总交接件数：1

总票数：3　　总实际重量：4.9kg

总计费重量：5.0kg

车辆封志编号：　　班车车牌号：

信息处理员：　　物流司机签字：

发货方签字：　　收货方签字：

图 6－27　快件交接清单

任务资料

中国地图见图 6－28。

图 6－28　中国所有省分布图

项目小结

通过两个任务的完成，首先使学生明确快件总包在快递运输过程中的意义，其次通过总包标准，将快件正确地进行分类和封装，形成总包并填写路单和路牌，保证总包在下一站的顺利交接。最后对总包完成装载和封志，快件进入运输环节。

实训练习

一、单选题

1. 快件封装涉及的单据包含：快递单、封发清单和（　　）。

A. 总包路单　　B. 装箱单　　C. 运单　　D. 发票

2. 总包封装有两种方式，直封和（　　）。

A. 人工封装　　B. 中转　　C. 机械封装　　D. 扫描封装

3. 施封后，将（　　）登记在出站快件的交接单上。

A. 总包路单号　　B. 车牌号　　C. 司机电话　　D. 封志条码号

4. 总包封装主要涉及的岗位角色是（　　）。

A. 分拣员　　B. 理货员　　C. 递送员　　D. 仓管员

5. 施封过程中要保证（　　）的完好无损。

A. 施封锁　　B. 条码　　C. 总包货物　　D. 运输车辆

二、判断题

1. 登记快件封发清单有两种方式：手工登单和扫描登单。（　　）

2. 不同快递企业使用的包牌不同，但是在同一快递企业内部包牌是一致的。（　　）

3. 总包包牌都是人工填制的。（　　）

4. 车辆实物封志包含：封条、封签条、铅封和施封锁。（　　）

5. 施封时，场地人员和司押人员必须同时在场。（　　）

三、简答题

1. 总包包牌的含义是什么？

2. 总包封装的定义是什么？

3. 总包封装的标准是什么？

4. 简述总包装载的基本原则。

5. 简述车辆封志的概念和作用。

答案：

一、单选题

1. A　2. B　3. D　4. A　5. B

二、判断题

1. √　2. ×　3. ×　4. √　5. √

三、简答题（略）

项目七　快件到达

通过项目七学习快件到达相关内容，快件到达是快递车辆到达快递转运中心的第一步操作，快递到达转运中心后要进行拆解车辆封志、检验总包、总包拆解、快件信息录入核对、快件差异处理等工作。快件到达处理的质量和效率会影响快递送达的准确性与时间，因此非常重要。

学习目标

● **知识目标**

认知快件到达的操作流程；

认知总包接收验视处理流程；

认知总包接收信息处理方法。

● **能力目标**

能够熟练完成快件到达的操作流程；

能够进行总包拆解和快件信息录入；

能够完成快件差异报告。

● **情感目标**

养成严谨的工作态度和良好的工作责任心；

培养工作中吃苦耐劳的精神。

任务一　总包接收验视

任务导入

丁羽所在的转运中心有一辆快件运输车到达，他需要进行车辆封志的拆解，并核对总包信息。他该怎么办呢？

任务分析

针对本任务，分析相关内容如下：

一、总包接收验视概述

1. 车辆到达时检查流程（见图 7－1）

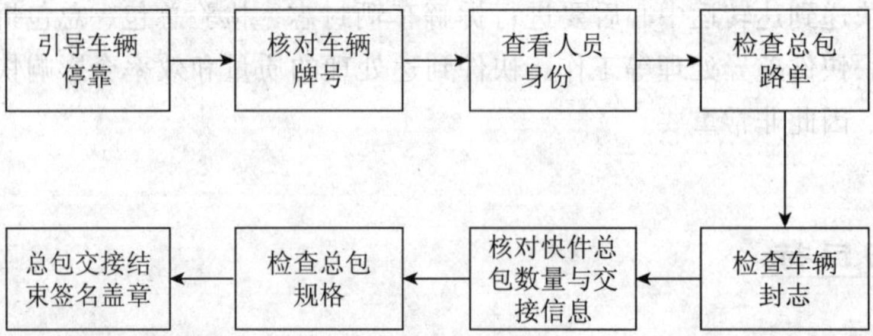

图 7－1　车辆到达检查流程

（1）引导快件运输车辆安全停靠到指定的交接场地。

（2）核对快件运输车辆牌号，查看押运送件人员身份。

（3）检查快件运输车辆送件人员提交的交接单内容填写是否有误。

（4）核对到站快件运输车辆的发出站、到达站/终到站、到达（开）时间，并在交接单上注明实际到达时间。

（5）检查车辆封志是否完好，卫星定位系统记录是否正常。

（6）核对总包数量与交接单载明信息是否一致。

（7）检查总包是否有破损等异常现象。

（8）交接结束时，在快件交接单上签名盖章（见图 7－2）。

图 7－2　车辆到达检查

总包交接验收的注意事项：

要引导车辆停靠在指定的交接场地，同时注意车辆和人身安全，特别要注意工作人员在引导车辆时不能站在车的正后方。

要核对交方车辆和押运人员的身份是否符合业务要求。

检查交接单内容是否完整，有无漏项，章戳签名是否规范正确。

明确车辆的到达时间是否延误。

检查车辆封志是否正常，有无拆动痕迹，卫星定位信息有无非正常停车或非正常开启车门的记录。

必须在交接单上注明接收时间。

如果总包数量与交接单信息不符，需双方当面查清核实或在交接单上批注实收数量。

对不符合标准的总包，双方应当面处理，记录情况。

2. 车辆封志拆解

进行车辆封志拆解的步骤：

（1）检查车辆封志是否完好：封志是否已被打开、是否有拆动痕迹、封志上的印志号码或封志标签是否清晰可辨、是否有更改痕迹、条码与路单是否一致，如果出现异常应在路单上进行批注，并查明原因，及时处理（见图 7－3）。

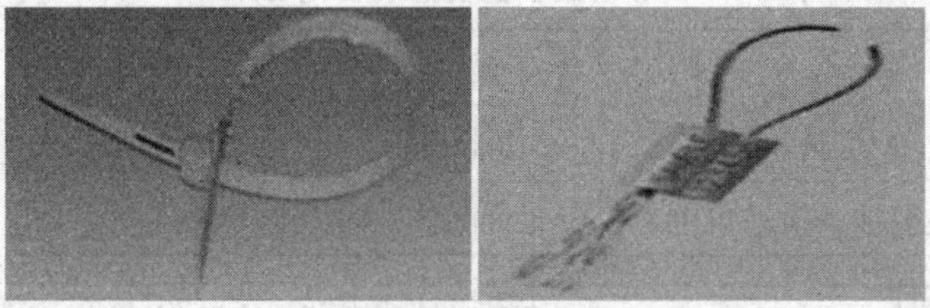

图 7－3　异常车辆封志

异常车辆封志处理方法如下：

①发现车辆封志异常应首先向作业主管报告，并在路单上批注交接异常的原因。

②拆解异常车辆封志和卸车应在监控范围内由两人或两人以上共同进行。

③将异常封志单独保管，拍照留存。

④对于条码模糊不能被正确识读的车辆封志，如果数字清晰，可以手工录入；如果条码和数字均模糊，应通过路单来查询本车所装载总包情况，并填写异常车辆封志处理报告。

（2）对于施封锁，交接人员应该使用施封锁专用钥匙；对于金属封志、铅封、塑料封志，交接人员应使用剪刀或专用钳来拆解封志，剪开封绳。

3. 总包验视

总包接收验视基本内容包括以下方面。

（1）总包发运路向是否正确。

（2）总包规格、重量是否符合要求。

（3）包牌或标签是否有脱落或字迹不清、无法辨别的现象。

（4）总包是否破损或有拆动痕迹。

（5）总包是否有水湿、油污等现象（见图 7-4）。

图 7-4　总包验视

二、总包接收验视的准备内容（见表 7-1）

表 7-1　总包接收验视的准备内容

项目	准备内容	
环境准备	设备/道具	手持终端、车辆封志、剪刀、电子台秤
	主要涉及岗位角色	验视员、搬运工
	软件	运输管理系统、办公软件
	涉及单据	快递单、货物交接单、总包路单
制订计划	步骤一	了解车辆到达时应检查的内容
	步骤二	掌握车辆封志拆解的方法
	步骤三	掌握总包验视包含的内容

任务实施

步骤一：对到达的车辆进行检查

丁羽先引导车辆停靠在指定的交接场地，开始核对交方车辆的车牌号和司机的身份，经查实该车车牌号粤 AM9618，司机赵迁，并填写车辆出入登记表，见图 7-5。在检查封志、核对总包信息时，同事小刘在旁边做好监督和记录，见图 7-6。

时间：2014年3月13日　　　　记录人:丁羽

到达时间	车牌号	司机	工号	封签号	异常备注
01:50	粤AM9618	赵迁	27895	00596	无

图 7－5　填写车辆出入库登记表

图 7－6　检查车辆封志

步骤二：拆解车辆封志

在检查完封志完好的情况下，丁羽看到该车的封志是塑料封志，所以他拿出剪刀（见图 7－7），剪开了封志。

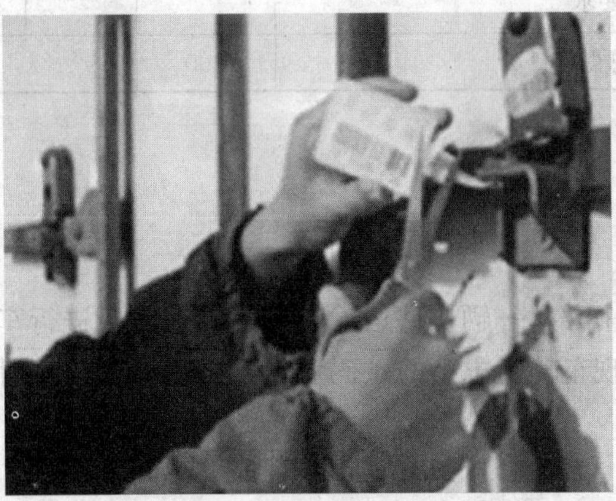

图 7－7　拆解车辆封志

步骤三：进行总包验视

打开了封志，丁羽叫来两个搬运工，小心翼翼地将接收单上的总包卸下，然后逐个进行扫描称重，完毕后将扫描信息与总包路单内容核对，并根据总包路单来检查总包数量、重量，还核对了每个总包的具体信息，发现结果是：每个总包发运方向都是从北京发往广州的、总包包牌没有脱落或字迹不清、无法辨别现象、总包无破损或拆动痕迹、总包无水湿或油污等异常问题。

最后，在完成总包验视后，丁羽在上面批明了接收时间。

任务评价

<table>
<tr><td colspan="2">姓名</td><td></td><td>学号</td><td colspan="2"></td><td>专业</td><td></td></tr>
<tr><td colspan="2">任务名称</td><td colspan="6">总包接收验视</td></tr>
<tr><td colspan="2">考核内容</td><td>考核标准</td><td>参考分值</td><td>学生自评</td><td>小组互评</td><td>教师评价</td><td>考核得分</td></tr>
<tr><td rowspan="2">职业素养</td><td>1</td><td>具有团结合作的精神</td><td>10</td><td></td><td></td><td></td><td></td></tr>
<tr><td>2</td><td>完成工作任务时认真负责的态度</td><td>10</td><td></td><td></td><td></td><td></td></tr>
<tr><td rowspan="3">理论知识评价</td><td>3</td><td>了解车辆到达时应检查的内容</td><td>15</td><td></td><td></td><td></td><td></td></tr>
<tr><td>4</td><td>掌握车辆封志拆解的方法</td><td>15</td><td></td><td></td><td></td><td></td></tr>
<tr><td>5</td><td>掌握总包验视包含的内容</td><td>15</td><td></td><td></td><td></td><td></td></tr>
<tr><td rowspan="3">技能操作评价</td><td>6</td><td>准确对车辆进行检查</td><td>10</td><td></td><td></td><td></td><td></td></tr>
<tr><td>7</td><td>正确进行封志拆解</td><td>10</td><td></td><td></td><td></td><td></td></tr>
<tr><td>8</td><td>正确对总包进行验视，验视内容符合要求</td><td>15</td><td></td><td></td><td></td><td></td></tr>
<tr><td colspan="3">总得分</td><td>100</td><td colspan="4"></td></tr>
</table>

任务拓展

柳林所在的转运中心有一辆快件运输车到达，他需要进行车辆封志的拆解，但在拆解之前检查时，发现车辆封志上的条码和数字都很模糊，这时她该怎么办呢？帮他支支招！

任务资料

如何做好总包邮件接收

总包邮件接收的先期准备：

总包邮件的接收，看起来谁都会干，其实不然，在邮政工作中，无论是哪一个环节，都必须有一定的业务知识做支撑。

总包邮件包括航空总包邮件、陆运总包邮件及封发总包邮件。对于接收航空总包邮件来说，首先应当查看当日进出港航班时刻表，并根据进出港航班时刻表来合理安排接收总包邮件的计划。由于航班受天气的影响较大，所以很有可能出现航班晚点的情况，如果出现晚点情况，就要提前做好准备，与航方负责人保持有效沟通，确保晚点航班到港后，以最快的速度接收总包邮件，缩短邮件因为航班晚点而造成的时限延误。对于一名合格的总包邮件接发员来说，应当有敏锐的洞察意识，提高对天气等影响航班发运的灵敏度，确保航空总包邮件的快速接收。

对于汽车总包邮件，应当熟知汽车邮路的发运计划，做到发运计划胸中有数。对于没有按计划到达的邮车，应当与当班司机保持联系，及时了解邮车的运行情况，并对到达时间做出准确判断，合理安排人员在邮车到达后进行接收工作。对于分拣与航空转运在同一场地的，总包接收人员应当根据作业计划的规定时间，对已经封发完毕的总包邮件进行快速接收，分拣员与总包接收人员应当保持有序的合作，做到分拣封发好的总包邮件及时赶发有效频次，加快总包邮件的处理速度。

总包邮件接收的注意事项：

在接收总包邮件时，必须严格遵守交接验收制度。首先应当查看总包清单，明确路单上总包邮件的袋数、重量。然后会同对方工作人员，双方共同进行总包点数，点数人员要高声唱数，在所有总包邮件接收完毕后，查看总包袋数是否与路单一致，若总包袋数与路单一致，在路单上加盖日戳、名章。如果总包袋数与路单不符，双方应当共同进行复数，确保总包邮件袋数的准确，如袋数确实不符，应当在路单上批注，并进行勾挑核对，找出与路单不符的总包并发验。同时，还应在路单上批注接收总包情况，如遇晚点，还应批注晚点原因。

在接收总包邮件时，还应当验看总包邮件是否符合规格。接收总包邮件时，应当先查看袋牌明确邮件路向，查看袋牌字迹是否清晰，是否能辨别接收局和号码，袋牌条码是否清晰。再者，要看封志是否清晰，有无撬动、锤砸等异常印痕，袋绳的捆扎是否符合标准，有无接头。此外，还应当仔细检查袋身是否存在 2 厘米以上的破洞，如果有破洞，则必须进行双人眼同开拆总包，检查内件是否有被盗、损毁现象，尽最大可能保证接收总包邮件的安全。同时，还应当验视袋身是否有水湿、油污等现象，这些现象是否由内件破损造成。最后，还应对总包重量进行复称，查看有无重量短少的情况。如出现以上任何一种情况，都应与交方会同查验总包内件，如有不符，进行登记处理的同时在路单、袋内清单上进行批注，并由交接双方共同签证，收方负责向封发局缮发验单。

任务二　总包接收信息处理

任务导入

苏杭杭是飞远快递公司的一名员工，公司今天接收了一批从北京发往广州的总包货物，现在她需要对总包进行拆解，并对总包信息进行比对，最后如果发现问题后撰写快件差异报告，她会怎么进行呢？

任务分析

针对本任务，分析相关内容如下：

一、总包接收信息处理概述

1. 总包拆解

总包拆解作业，就是开拆已经接收的进站快件总包，将快件由总包转换为散件。实质是对总包内快件的接收，其特点是交接双方不是面对面的当场交易，而是一种“信誉交接”。主要分人工和机械两种方式（见图 7-8）。

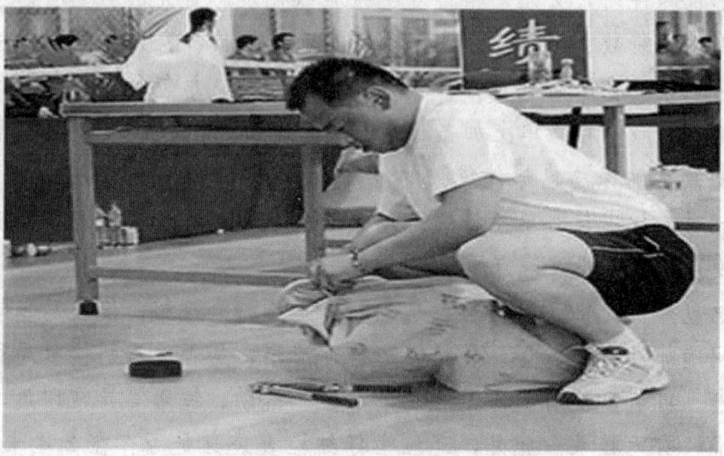

图 7-8　总包拆解

(1) 人工拆解总包的步骤（见图 7-9）

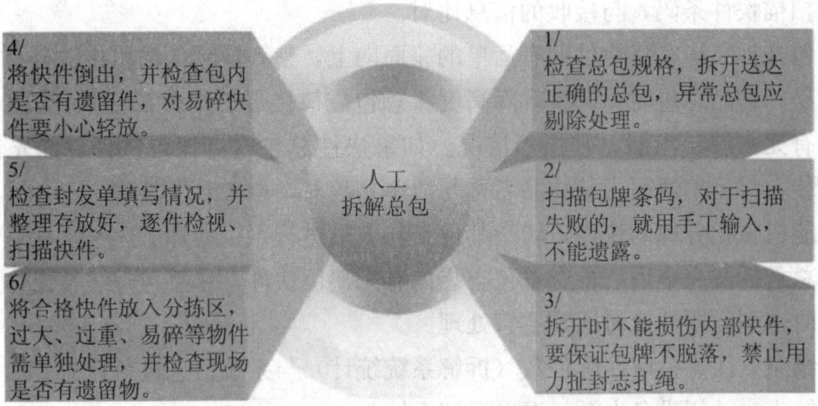

图 7-9 人工拆解的步骤

(2) 机械拆解总包的步骤

检视快件总包路向，将误发的总包剔除出来。

使快件总包袋鱼贯进入开拆轨道，处理完一袋总包后再开拆下一袋总包（见图 7-10）。

图 7-10 机械拆解

拆塑料封志时，拴包牌一面剪口在扣齿处，保持包牌不能脱落。如果拆绳封的快件总包时，应该剪断一股绳，不可损伤其他部分，保持包牌在绳扣不脱落（见图 7-11）。

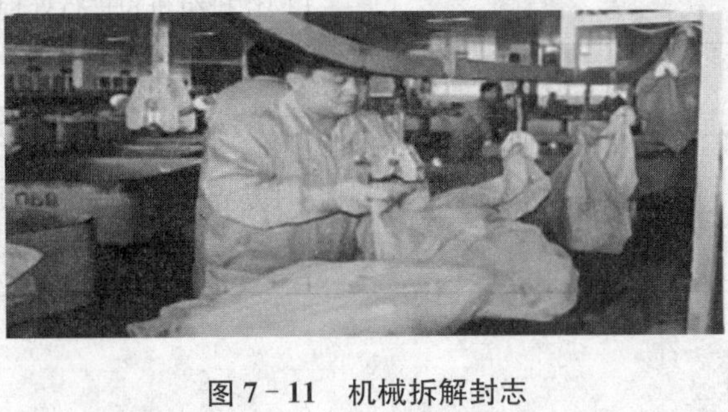

图 7-11 机械拆解封志

扫描包牌条码信息。扫描不成功或无条码的，手工键入总包信息。

核对拆出的封发清单登记内容。

逐件扫描快件条码，与接收的信息比对。

每总包开拆完毕，将快件贴有运单的一面向上，整齐放到传输机传输分拣。

拆解易碎物品总包时，调整升降高度将总包袋口接近工作台，轻拿轻放取出快件，检查快件有无水湿、渗漏、破损等情况。如果快件总包内有保价快件、优先快件，检视快件包装，将运单填写内装物品名称与清单相核对，单独封发处理。

将不能机械化分拣的快件，转交其他工作人员进行手工处理。

快件总包拆解完毕后，检查总包空袋内有无遗留快件，将总包空袋移出作业台。

拆解时遇到问题件及时通知主管处理。

拆解结束，注意拆解实际件数（拆解系统统计）与系统信息进行比对。

工作结束，关闭设备电源，退出拆解系统。

检查作业场地周围有无遗漏快件，清扫作业场地，上缴扫描工具、专用钳等用品用具集中保管。

拆解后注意事项：

对拆下的空袋、袋牌、铅志、绳扣等物，放在指定位置，以备查用；

拆解中发现异常情况的空袋、袋牌、铅志、绳扣等物，应妥善保管，以便作为相应证物。

2. 总包信息比对

总包信息比对时，常见异常情况有以下几种（见表 7-2）。

表 7-2　　总包信息比对常见异常情况处理

异常情况	原因分析	处理方法
总包内快件与封发清单数量不一致	总包内件实际数量少于封发清单中记载的快件数量	应及时通知操作班组班长向上一环节缮发快件差异报告，并附上原封志、袋牌、铅志、绳扣、空袋的原始凭证
	总包内件实际数量多于封发清单中记载的快件数量	应在清单上进行批注，并及时通知操作班组班长向上一环节缮发快件差异报告，再协助操作班组班长进行处理
总包内快件与封发清单重量不一致	称重后总包重量少于封发清单上注明的重量，可能是内件短少或上一环节称重错误	应及时通知操作班组班长向上一环节缮发快件差异报告，并协助操作班组班长进行处理

续　表

异常情况	原因分析	处理方法
总包内快件与封发清单记载快件编号、原寄地、备注不一致		根据快件实际信息在清单上进行批注，应及时通知操作班组班长向上一环节缮发快件差异报告，并协助操作班组班长进行处理
总包内未附有封发清单	可能是上一环节忘放了	称重后总包包牌重量与总包包牌所注重量是否相符，若不相符应及时通知操作班组班长向上一环节缮发快件差异报告，并协助操作班组班长进行处理
拆出的快件有水湿、油污等		水湿油污不严重的快件按要求进行阴干、清洁和隔离处理；严重的，应及时通知操作班组班长向上一环节缮发快件差异报告，并协助操作班组班长进行处理
拆出的快件包装有破损、断裂、拆动痕迹		应及时通知操作班组班长向上一环节缮发快件差异报告，对破损快件称重、拍照，并根据快件运单检查内件是否有漏出或出现丢失情况，内件齐全后将快件重新进行包装
快件运单条码无损不能识读		手工键入或查找信息
快件运单地址残缺		通过封发清单或系统内总包信息进行查询，将相关信息标注
有内件受损并渗漏、发臭、腐烂变质等现象发生的快件		有内件受损并渗漏出液体、粉末状固体、半固体物品，或者漏出内件疑似有毒、剧毒、不明化工原料，必须由专人使用防护工具或防护设备进行隔离，防止伤害人体或污染其他快件

3. 快件差异报告

按照公司的相关规定，在进行总包拆解验视快件时，一旦发现异常情况就需要向上一环节缮发快件差异报告，并附上原封志、袋牌、铅志、空袋等原始凭证的照片，见图 7－12。

快件差异报告　　　　第　号

由　　发往
验明各种差错和不合事项如下：
附件：
经手人员： 主管人员： 发验部门章： 年　月　日

图 7-12　快件差异报告样式

快件差异报告填写内容，见图 7-13。

快件差异报告　　　　第______号

由______发往______（处理中心（营业网点）名称）　　　　（快件差异报告编号）
验明各种差错和不合事项如下： （接受日期、快件交运的航班（车次）、快件包号以及发生差错、延误、损毁、丢失等问题的原因及处理情况）
附件： （随快件差异报告附寄齐全可靠的相关证物（包装、封志、绳扣、包牌、清单、路单复印件等））
经手人员：（经办人、主管签字或盖章、缮发日期） 主管人员： 发验部门章： ______年___月___日

图 7-13　快件差异报告填写内容

快件差异报告编制说明，见图 7-14。

快件差异报告　　　　第____号

由　（始发站）　发往　（目的站）
验明各种差错和不合事项如下： （此栏用叙述的语言表述快件异常发生的详细情况，需要包含快件异常情况的发现时间、快件来源、详细的异常信息、业务参与人员等信息。如"我公司于2013年5月17日在接收上海至北京干线班车过程中，收到你公司NO.10062号总包无清单，请速提供上述总包清单。"）
附件：（诸如总包清单、包袋皮、包牌、封志的照片）
经手人员：××× 主管人员：××× 发验部门章： ××××年××月××日

图 7－14　快件差异报告编制说明

差异报告编写操作要点如下：

(1) 文字书写要工整规范。不要写怪体字或错别字。

(2) 语句表达要通顺，应简明扼要。使用快件差异报告专用词语和文体。

(3) 内容叙述要明确。内容叙述要具体、清楚，提供的项目详尽和明确，便于对方立即查明。

(4) 事实描述要准确。在缮写快件差异报告时，若叙事不全，含意不清，或是漏掉主要环节，都可能会使对方无法明确问题的实际情况，甚至造成误解，给问题的解决带来困难。

(5) 附件证物要齐全。

二、总包接收信息处理的准备内容（见表 7－3）

表 7－3　总包接收信息处理的准备内容

项目	准备内容	
环境准备	设备/道具	手持终端、空白的差异报告、照相机
	主要涉及岗位角色	验视员
	软件	运输管理系统、办公软件
	涉及单据	快递单、货物交接单、总包路单
制订计划	步骤一	掌握总包拆解的方法及注意事项
	步骤二	掌握总包信息比对的内容
	步骤三	掌握快件差异报告的填写规范及注意事项

任务实施

步骤一：进行总包拆解

苏杭杭查看了这些从北京发往广州的快件总包，发现都是铅质封志，所以她左手捏住袋口向下压成弧形，右手持专用拆解剪在靠近铅封处剪断扎绳一股，不可损伤封志，保持扎绳、封志和总包包牌连在一起（见图 7－15）。

图 7－15　总包拆解

然后她双手捏住总包包袋底部的两角向上轻提，小心倒袋，避免损伤快件。每开拆完一袋，她都拿出相关快件后要随即用手将袋撑开，采用“三角看袋法”，验看袋内有无遗漏快件。

步骤二：对比总包信息

接着，苏杭杭开始检查有总包拆出的封发清单（见图 7－16），查看清单所填写的内容，并与总包路单相对比数量、重量是否正确，清单签章处是否签字或盖章。

<table>
<tr><td colspan="2">物流方向：北京—广州</td><td colspan="3">物流方式：航空</td><td colspan="1">NO. 10006</td></tr>
<tr><td>运单号</td><td>货物内容</td><td>货物体积</td><td>实际重量</td><td>收件地址</td><td>备注</td></tr>
<tr><td>302242987520</td><td>佳能相机</td><td>25cm×20cm×15cm</td><td>2kg</td><td>广东省江门市江海区东海路 48 号</td><td></td></tr>
<tr><td>302242987548</td><td>女士背包</td><td>40cm×30cm×15cm</td><td>0.9kg</td><td>广东省珠海市前山逸仙路 21 号</td><td></td></tr>
<tr><td>302242987566</td><td>豆浆机</td><td>40cm×15cm×20cm</td><td>4.7kg</td><td>广东省广州市越秀区海珠广场起义路 2 号</td><td></td></tr>
<tr><td>302242987584</td><td>女式牛仔裙</td><td>40cm×15cm×20cm</td><td>0.8kg</td><td>广东广州市海珠区新港西路 135 号</td><td></td></tr>
<tr><td>302242987618</td><td>衣服</td><td>35cm×25cm×5cm</td><td>1.7kg</td><td>广东省汕头市金平区金砂东路 97 号</td><td></td></tr>
<tr><td>302242987654</td><td>电褥子</td><td>40cm×25cm×10cm</td><td>2.6kg</td><td>广东省广州市阅江中路 380 号广州国际会展中心</td><td></td></tr>
<tr><td colspan="3">制单人：×××</td><td colspan="2">发运方签字：×××</td><td colspan="1">接收方签字：</td></tr>
</table>

图 7－16　封发清单

然后，苏杭杭使用条码扫描器对这些快件逐个进行快件扫描，以封发清单为准逐件核对内件的快件路向是否正确、快件总数是否有误以及每一个快件的运单号、原寄地、件数、重量，并在备注栏标注异常情况（见图 7－17）。

图 7－17　逐个扫描快件条码

步骤三：撰写快件差异报告

经过扫描、对比信息后，苏杭杭发现 NO. 10006 号总包内的运单号为 302242987520 的快件，有好几个重量与封发清单重量不一致，苏杭杭立刻通知班组班长，并协助其填制快件差异报告，见表 7－4。

表 7－4　快件差异报告

快件差异报告第 2014101303 号
由北京分拨中心发往广州分拨中心 验明各种差错和不合事项如下：我公司于 2014 年 10 月 13 日在接收北京至广州班车过程中，收到你公司 NO. 10006 号总包中运单号为 302242987520 的快件重量少于封发清单上标注的重量，请查明原因，速把查询结果告知。
附件：302242987520 的快件照片
经手人：苏杭杭 主管人员：李锐 发验部门章： 2014 年 10 月 13 日

任务评价

姓名			学号		专业		
任务名称		总包接收信息处理					
考核内容		考核标准	参考分值	学生自评	小组互评	教师评价	考核得分
职业素养	1	具有团结合作的精神	10				
	2	完成工作任务时认真负责的态度	10				
理论知识评价	3	掌握总包拆解的方法及注意事项	15				
	4	掌握总包信息比对的内容	15				
	5	掌握快件差异报告的填写规范及注意事项	15				
技能操作评价	6	熟练进行总包拆解	10				
	7	完整进行总包信息的比对	10				
	8	所撰写的快件差异报告符合填写规范及要求	15				
总得分			100				

任务拓展

浦卞是飞速快递公司的一名员工，公司今天接收了一批从上海发往北京的总包货物，现在他需要对总包进行拆解，并对总包信息进行比对，经比对发现总包内没有封发清单，他会怎么做呢?

任务资料

快件差异报告范例

2014 年 5 月 27 日晚上 18：00，广州分拨中心收到由上海分拨中心于 2014 年 5 月 26 日 9：00 经沪线干线班车发来的快件总包，工作人员在进行总包拆解核对信息过程中发现，编号 NO. 10028 号的总包内件件数只有 5 件，与封发清单所示 6 件不符。经过核对，发现缺少运单号为 302756624298 的快件，且总数封志完好无损，无拆动痕迹。

填写完毕的快件差异报告见表 7 - 5。

表 7-5 快件差异报告

快件差异报告第 2014052701 号
由上海分拨中心发往广州分拨中心
验明各种差错和不合事项如下：我公司于 2014 年 5 月 27 日在接收上海至广州干线班车过程中，收到你公司 NO. 10028 号总包内含快件 5 件，而非总包清单所述 6 件。经过仔细核对后发现，缺少运单号为 302756624298 的快件。经查总包封志完好无损，无拆动痕迹，请你公司查询 302756624298 号快件下落，并查明原因，速把查询结果告知。
附件：NO. 10028 号总包清单、包皮袋、包牌、封志
经手人：乔瑞 主管人员：王强 发验部门章： 2014 年 5 月 27 日

项目小结

通过本项目的学习，同学们应该掌握了快件到达的步骤和方法，掌握了车辆到达、拆解车辆封志、总包检查与拆解、记录差异报告等操作。同时，了解了快递运作流程中非常重要的转运中心业务。

实训练习

一、单选题

1. 总包验视的内容不包括（　　）。

A. 总包发运路向是否正确

B. 总包数量、重量是否与司机提供的总包路单载明信息一致

C. 对车辆及司机情况进行检查

D. 总包包牌或标签是否有脱落或字迹不清、无法辨别的现象

2. 拆解总包铅封时，应保持（　　）在绳扣上不脱落。

A. 包装材料　　B. 标志　　C. 铅封　　D. 包牌

3. 拆解塑料封志时，使用专用拆解剪剪断的是（　　）。

A. 总包　　B. 封志条码

C. 塑料封志　　D. 袋牌

4. 总包接收验视的内容包括（　　）。

①总包发运路向是否正确；

②总包规格、重量是否符合要求；

③包牌或标签是否脱落或字迹不清、无法辨别的现象；

④总包是否破损或有拆运痕迹；

⑤总包是否有水湿、油污等现象；

⑥总包数量、重量是否与司机提供的总包路单载明信息一致。

A. ①②③④⑥　　B. ①③④⑤⑥　　C. ①②③④⑤　　D. 全部

5. 下列对卸载作业安全要求的描述不正确的是（　　）。

A. 应在车辆停靠稳定后进行卸载

B. 如果发现不明化工原料漏出，用身体直接触摸或鼻嗅

C. 对于表面不光滑，带有尖锐物包装的快件，要戴防护手套

D. 卸载较大的快件应双人卸载

二、判断题

1. 快件运输车辆可直接入站不必进行检查。（　　）

2. 总包拆解后发现实物与信息不符时，应撰写或录入差异报告。（　　）

3. 总包拆解只有机械拆解一种方式。（　　）

4. 拆解中发现异常情况的空袋、袋牌、铅志、绳扣等物，应妥善保管，以便作为相应证物。（　　）

5. 如果总包数量与交接单信息不符，需双方当面查清核实或在交接单上批注实收数量。（　　）

三、简答题

1. 总包接收验视基本内容有哪些？

2. 车辆到达时检查的内容包括哪些？

3. 总包拆解的含义包括哪些？

4. 人工拆解总包的步骤包括哪些？

5. 车辆封志拆解的步骤包括哪些？

答案：

一、单选题

1. C　2. D　3. C　4. D　5. B

二、判断题

1. ×　2. ×　3. ×　4. √　5. √

三、简答题（略）

项目八　快件派送服务

通过项目八学习快件派送是快递业务操作的末端，快递员与客户面对面接触，因此快递派送操作质量的高低直接影响客户的体验，从而影响公司在客户心中的地位。好的派送服务会增加客户的忠诚度，吸引更多的潜在顾客，所有快递企业都非常重视这“最后一公里”的派送服务。本项目分为派送服务和派件服务后续处理两个项目，本项目是本书的重点。

学习目标

● **知识目标**

了解快件派送的操作流程；
熟悉快件派送的后续处理流程；
掌握未派送快件的处理方法；
掌握快件派送的标准服务用语。

● **能力目标**

能够熟练操作快件派送的流程；
能够选择合理的派送线路；
能够使用标准的快件用语；
能够正确完成未派送问题件的处理；
能够做好快件后续处理工作。

● **情感目标**

养成严谨的工作态度和良好的工作责任心；
培养热情服务的工作态度。

任务一　派送服务

任务导入

李亮是小马快递的一名快递员，像往常一样，今天他从公司网点仓管员处取得自已需要派送的快件，他需要在下午6点前将快件派送完成，他该怎么做才能快速、安全的完成派送呢?

任务分析

针对本任务，分析相关内容如下：

一、派送服务概述

派件是指依据客户所发出货物运送到第三方或是指定的地点，快递公司（物流公司）通过物流网送到第三方或是指定的地点的过程（见图8-1）。

图8-1　派件

1. 快件点数交接（见表8-1）

表8-1　快件点数交接

快件交接项目	具体内容	
核对交接快件数量	核对总件数	根据交接清单逐件核对总数是否与实物数量相符
	核对一票多件快件的件数	根据交接清单检查一票多件快件，核对实际交接的件数是否与运单注明件数相符
	核对代收货款快件的件数	代收货款快件涉及向收件人收取相应的款项，通常金额较大，存在一定的风险，在交接时通常要求将代收货款快件的数量单独清点，并在派件清单中注明
	核对保价快件的件数	保价快件通常具有高附加值、易碎、对客户重要性高的特点，在交接时需要特别注意

续　表

快件交接项目	具体内容
检查交接快件	检查快件外包装是否完好，封口胶纸是否正常，有无撕毁重新粘贴痕迹
	查看快件是否有液体渗漏情况
	检查快件运单是否脱落、湿损、破损、运单信息是否清晰明了
检查快件收件人名址	检查派送地址是否超出自身所负责的派送区域
	判断收件人地址是否正确、详细
	检查收件人姓名是否正确、具体
交接签字	派送网点处理人员将快件交接给业务员，经业务员对快件进行核对、在相应的派送清单中签字确认

2. 派送路线

派送路线，是指将快递员在派送快件时所经过的地点或路段，按照先后顺序连接起来所形成的路线（见图8-2）。

图8-2　派送路线

合理设计派送路线，一方面有利于满足快件的时效要求，实现派送承诺；另一方面节省业务员行驶和派送的时间，可以减少业务员的劳动强度，提高业务员劳动效率；同时，减少空白里程，减少车辆损耗，节省派送运输成本。

派送路线设计原则（见表8-2）：

表8-2　派送路线设计原则

设计原则	概述
保证快件安全	快递服务的宗旨是将快件完好无损、及时安全地送达收件人。保证快件安全原则要求：选择的派送路线路况要好（路面质量好、车道宽敞、车流量较少，坡度和弯度密度小），不能很偏移等

续 表

设计原则	概述
保证派送时限	时限是客户最重视的因素，也是衡量快递服务质量的一项重要指标。影响派送时限的主要因素包括：①当班次派送快件量过大；②在同一班次内，因客户不在而进行二次派送；③天气、交通堵塞、交通管制等不可控因素；④派送车辆故障
优先派送优先快件	优先派送的快件主要包括时限要求高的快件、客户明确要求在规定时间内派送的快件、二次派送的快件。为了避免不可控制因素影响快件的派送时限，有需要优先派送的快件，应优先派送
优先派送保价快件	为了降低风险，在不影响其他快件派送时限的情况下，优先派送保价快件
先重后轻，先大后小	由于重件或体积大的快件在装卸搬运时劳动强度大，优先派送，既可减轻全程派件的作业难度，也可减少车辆的磨损和能耗
减少空白里程	为了减少空白里程，需要做好以下几个方面：①业务员应熟悉掌握派送段内每条路段、街道所包含的门牌号；②快件排序时，注意将同一客户的多票快件排在一起，一起派送；③对于同一派送段，应掌握多条派送路线，选择最短路径进行派送；④及时掌握派送段内的交通和路况信息，避免因交通管制或道路维修而绕道，增加空白里程

3. 快件安全保管

快件安全保管的原则：

(1) 小件不离身的原则。对于体积较小的快件，严格按照捆扎或集装要求，将快件装入随身携带的背包或挎包内，确保件不离身（见图 8-3)。

图 8-3　小件包

（2）零散快件集装携带的原则。对于不能装入包内，也不便于捆扎的快件，使用集装袋集装快件，集装袋须随身携带。如集装袋较重，可借助小推车等工具（见图8-4）。

图8-4　小推车集装

（3）大件不离视线的原则。对于体积较大的不能装入背包或挎包，且无法随身携带的快件，交通工具也无密封条件的，要保证快件不离开视线4米范围内。

（4）不能将快件单独放置在无人看管的地方。如确实无法随身携带，且要离开视线的情况下，须将快件妥善放置或安排人员看管快件（见图8-5）。

图8-5　看管快件

（5）使用汽车派送时，业务员应锁好汽车门窗，并在离开汽车前用手再次拉动车门把手或推动窗户，确保门窗全部锁好（见图8-6）。

图 8-6　锁好车窗

4. 快件签收

客户签收快件的方法：手工签字、盖章签署、电子签收。若业务员未能与收方客户取得联系，需要留下派送通知单，告知客户快件曾经派送。派送通知单应包括业务员名称、联系电话、本次派送时间、下次派送时间、快件单号等内容（见图 8-7）。

图 8-7　快件签收

二、派送服务的准备内容（见表 8-3）

表 8-3　　派送服务的准备内容

项目	准备内容	
环境准备	设备/道具	PDA 扫描枪、记号笔、快件
	主要涉及岗位角色	快递员
	软件	运输管理系统、办公软件
	涉及单据	派送清单

续　表

项目	准备内容	
制订计划	步骤一	掌握派件过程中快件的安全
	步骤二	掌握快递运单中与派送相关的内容
	步骤三	掌握快件签收要求

任务实施

步骤一：装卸搬运快件，将快件合理堆码

李亮的个人信息见表 8－4：

表 8－4　　李亮的取派信息

类别	工号	姓名	电话	服务区域	操作重量段/方式
取派员	037	李亮	15891078271	朝外街道、劲松街道、建外街道、呼家楼街道、八里庄街道、三里屯街道、团结湖街道、双井街道、垡头街道、左家庄街道、小关街道、和平街街道、酒仙桥街道	20kg/电动三轮车

李亮将从公司网点仓管员处取得自己需要派送的快件，他今天共有 30 份快件需要派送，可这些快件分属朝阳区不同区域，其中 5 件来自酒仙桥街道（1 件为时效快件）、5 件三里屯街道、6 件劲松街道、10 件团结湖街道（2 件为保价快件）、4 件呼家楼街道（非常规快件）。他根据优先快件或按特殊业务、快件时效、由近而远地址排序、快件大小等方法相结合对快件进行排序。

然后李亮按照刚才排好的顺序和同事一起进行装车、捆扎好，为防止下雨，他备好了防雨用具，见图 8－8。

图 8－8　装车

步骤二：选择派送路线

李亮完成装车后，就要选择派送路线，而李亮的客户分布具体见图 8－9。

图 8－9　街道分布

根据分布图，李亮画出其行驶里程见图 8－10。

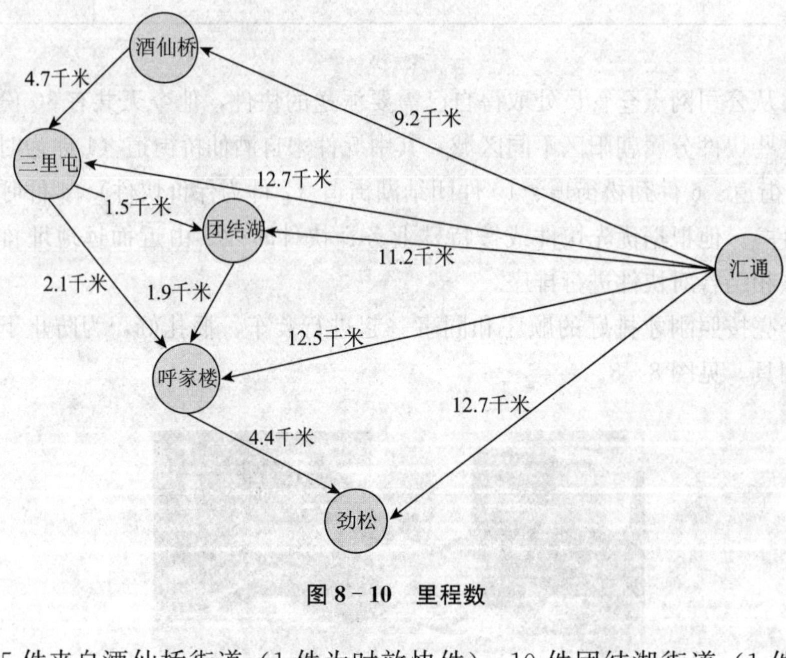

图 8－10　里程数

其中 5 件来自酒仙桥街道（1 件为时效快件）、10 件团结湖街道（1 件为保价快件）、4 件呼家楼街道（非常规快件），这 19 件是要优先进行派送的，再根据由近及远的顺序，按最短里程进行安排，李亮最后的路线是：汇通—酒仙—三里屯—团结湖—呼家楼—劲松—汇通。

步骤三：派送快件

李亮按照已选择好的派送路线，在到达派送目的地后，电话通知客户前来取件，并认真核对客户身份，确保客户与运单标准的收件人一致，并要求客户当面检查快件，进行快件验收，最后在指定位置签收。对于货到付款的，李亮需根据运单上标注的代收货款同客户结算费用，清点金额、辨别真假。

步骤四：保证快件派送过程中的保管安全

李亮在派送过程中，时常注意确保快件安全，遵循派件安全的原则，保证快件不离开自己的视线 4 米，合理规划时间，确保快件派送快、准、全。

步骤五：使用标准的服务用语

在派件的过程中，李亮需要使用公司规定的标准用语，比如打电话时要说：“您好，我是小马快递的快递员李亮，您从山东寄来的快件已经到了，请您来楼下取一下快件，谢谢!”客户取走快件时要说：“谢谢，慢走!”语气一定要温和，在引导客户签收快件的过程中，要面带微笑。

任务评价

姓名		学号		专业			
任务名称	派送服务						
考核内容		考核标准	参考分值	学生自评	小组互评	教师评价	考核得分
职业素养	1	具有团结合作的精神	10				
	2	完成工作任务时认真负责的态度	10				
理论知识评价	3	掌握派件过程中快件的安全	10				
	4	掌握快递运单中与派送相关的内容	10				
	5	掌握快件签收要求	10				
技能操作评价	6	合理装卸搬运快件、堆码快件	10				
	7	合理选择派送路线	10				
	8	正确指导客户签收并收取费用	10				
	9	快件在派送中是安全的	10				
	10	服务用语标准	10				
总得分			100				

任务拓展

杨洋是时风快递的快递员，今天他要送的快件有20件，但是在送的途中，有一件快件是到付，可是客户在查看快件时发现，该货物发错了，所以拒不付款，这时杨洋该怎么做呢?

任务资料

派送业务操作规范

(1) 依据件量流向，各站点主管合理划分派送区域，配备合适人员投递。

(2) 各分站点收到货并按单扫描入库后，每天9：00前出仓分发给相应区域派送员。

(3) 派送员根据配送清单领取订单及货物。

(4) 派送前联系客户，如遇电话空号、关机、停机、地址不详、客户外出等异常情况，此单返仓重新入库并反馈信息至客服部处理。

(5) 派送中，如遇终端客户不满上游客户产品质量、售后服务或上游客户承诺与下单投递不符等故意压货拒付货款情况，现场联系客服部，由客服部联系上游客户沟通处理。

(6) 派送后，拒收的需终端客户签字确认，并当天将拒收货物返仓重新入库，当天货物返仓必须经派送员、站点仓管员（或站点主管）双方签字确认。

(7) 派送妥投单，遵循“不给钱、不给货”的原则，要求终端客户支付足额货款取货。

(8) 各分站点派送时效要求：市区，24小时之内投递；郊区：48小时之内投递；偏远：72小时之内投递。

(9) 站点收到错分区域、终端客户改变投递目的地等非本站点投递区域内的单，反馈至客服；经客服转单审核后将货物发往投递目的地相应的站点。

任务二 派件服务后续处理

任务导入

李博是快递公司一名快递员，在完成上午的快件派送任务后，回到公司营业网点。接下来他需要对之前的派送服务进行后续的处理，那么，他都有哪些工作内容呢?

任务分析

针对本任务，分析相关内容如下：

一、派送后快递员工作内容

1. 盘点

货单相符：派送前后快递单总数目要保持不变；未派送的单子要和遗留快件一一对应；已派送的单子要全部签字；所有需要收取费用的单子要和账单相符。

收件方面：在派件过程中有时会遇见收件的情况，要准确称量并收取费用，给对方留下寄件联，并大致告诉到件时间。

2. 材料上交

当天派送完毕，所有已经签收的单子要全部上交；录入派送相关信息；问题件和相应的货物也要一起上交，货物根据问题件原因，放在指定的地方，以便跟踪处理。未来得及派送的单子要上交，货物可以不卸下车，第二天继续派送。

当天收到的货款要核算清楚全部上交，每天清算一次。

派件员要在所有已经签收的单子上写下自己的名字，以便于后续问题追查。

当天收到的快件和货款要单独放置，当天要准时及时上交（见图 8－11）。

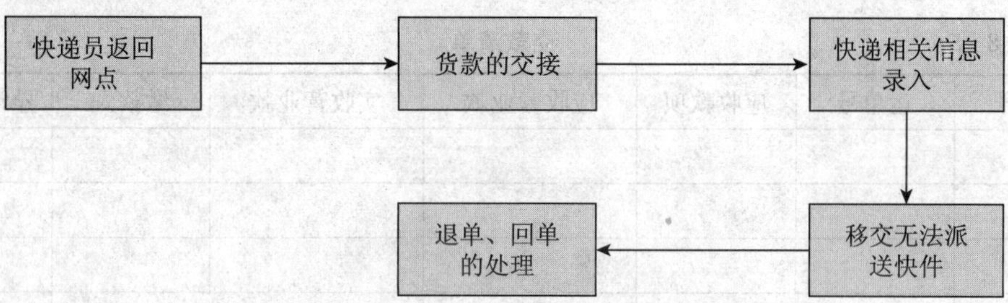

图 8－11　派送后续工作流程

二、货款的交接

取派员应当及时上缴从客户处取得的到付款和代收款，并根据运单逐票核对款项，并与营业厅主管进行货款的交接。货款交接流程见图 8－12。

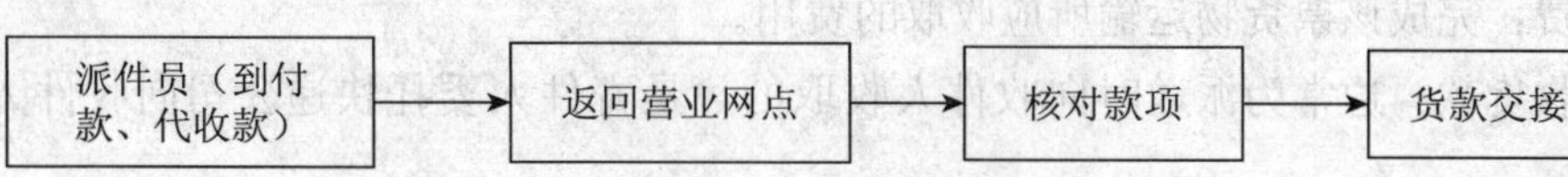

图 8－12　货款交接流程

货款交接手续流程（见图 8 - 13）：

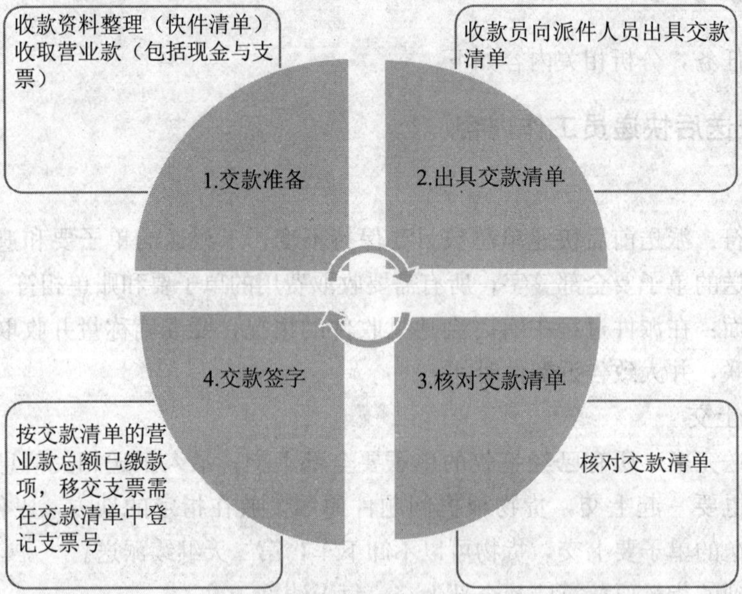

图 8 - 13　货款交接手续流程

取派员在与营业厅主管进行货款交接后，应填写交款清单（见表 8 - 5）。

表 8 - 5　交款清单

序号	运单号	应收款项	应收营业款	实收营业款	缴款人	异常说明
1						
2						
3						
4						
5						
合计：						
收款人：				交款人：		

应收款项包括：运费、代收货款、增值服务。

运费：完成该票货物运输所应收取的费用。

代收货款：通常为派送时向收件人收取的，是寄件人委托快递公司向收件人收取的费用。

增值服务：快递公司向客户提供增值服务所收取的费用。

三、掌握录入相关派送信息

快递员返回网点后，需要将已派送的相应信息准确、完整、及时的录入系统，其中包括收件单与派件单（见图 8－14）。

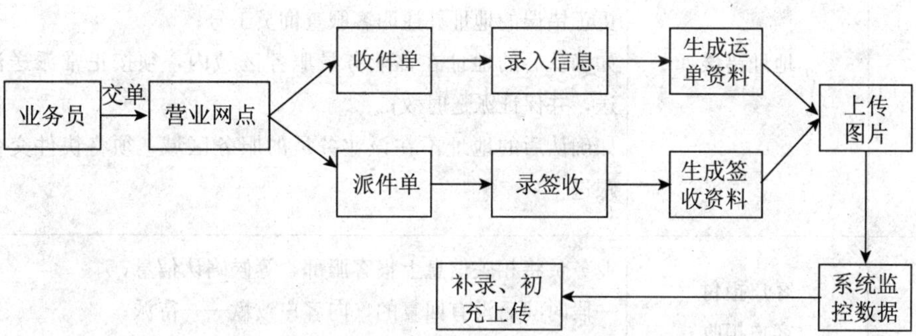

图 8－14　快件派送信息录入流程

四、无法派送快件的处理方法

常见造成无法派送的原因主要有 6 种，其分类及处理方法见表 8－6。

表 8－6　　快件无法派送处理方法

序号	任务名称	处理方法
1	收件地址不详	业务员根据运单的收件人电话在出仓前与收件客户取得联系，询问详细地址，约定上门派件时间； 如因电话无人接听、号码为传真、号码不全、号码错误等情况导致业务员联系不到客户，将件滞留在仓库，并上报仓管员； 如果方向确定，必须将快件先出仓，等候客服部确认后再派送
2	客户搬迁、离职	若客户搬迁、并且能联系上收件人，询问客户新的地址； 在运单上注明新的地址，同时上报客服部备案； 若更改后的地址在业务员的派送区域内，在派送时限内上门派件； 若更改后的地址不在该业务员的派送区域内，将快件带回公司交仓管员，并说明情况； 若业务员无法联系到收件客户或收件客户已离职； 业务员须将情况上报客服部备案； 快件带回公司交仓管员跟进； 若月结客户搬迁，业务员除完成上述操作外，另需将客户搬迁的相关信息告知公司负责人

续 表

序号	任务名称	处理方法
3	地址错误	业务员将信息上报到公司客服部； 业务员在派送过程中接到确认后的地址； 更正错误的地址并注明客服查询员工号； 如确认后的地址在该业务员服务区域内，须按正常派送流程派送，并保证派送时效； 如确认后的地址不在该业务员的服务区域，须将快件交仓管员跟进
4	客户拒付 客户拒收	业务员将相关信息上报客服部，等候确认信息； 一段时间后没有回复的，向客户致歉——待派； 将快件带回公司交仓管员跟进
5	客户不在	业务员根据运单信息与收件客户取得联系； 客户指定代收人，由代收人签收快件； 与客户约定再派时间，并在备注栏内注明； 业务员未能联系到收件客户，必须立即将相关情况通过客户部备案，并将快件带回公司交仓管员跟进
6	改派	快件派送途中，寄件客户通过客服人员要求改派地址； 同上“地址错误”的处理办法； 业务员上门派件时，收件客户本人要求改派； 在运单上标注更改地址，并要求客户本人在运单上注明“要求改派新地址”并确认签字； 更改后还在同一区域内，按正常派送流程完成派送，当天无法按时派送的，将快件带回公司交仓管员跟进； 更改后不在同一区域内，将快件带回公司交由仓管员跟进

处理无法派送快件的注意事项：

无法派送的快件，必须注明无法派送的原因以及是否进行电话、短信联系。

在确定为无法派送的快件前，必须联系收件人。如果运单上没有收件人电话、电话错误或电话无人接听导致无法与收件人联系时，应注明。

收件人不接电话、关机、需要保留电话拨打记录，以便确认。

因快件派送要求与快递企业运营规则冲突所造成的无法派送快件，应耐心告知收件人和发件人无法派送的原因，与客户协商到网点自取。

无法派送快件移交流程见图 8－15。

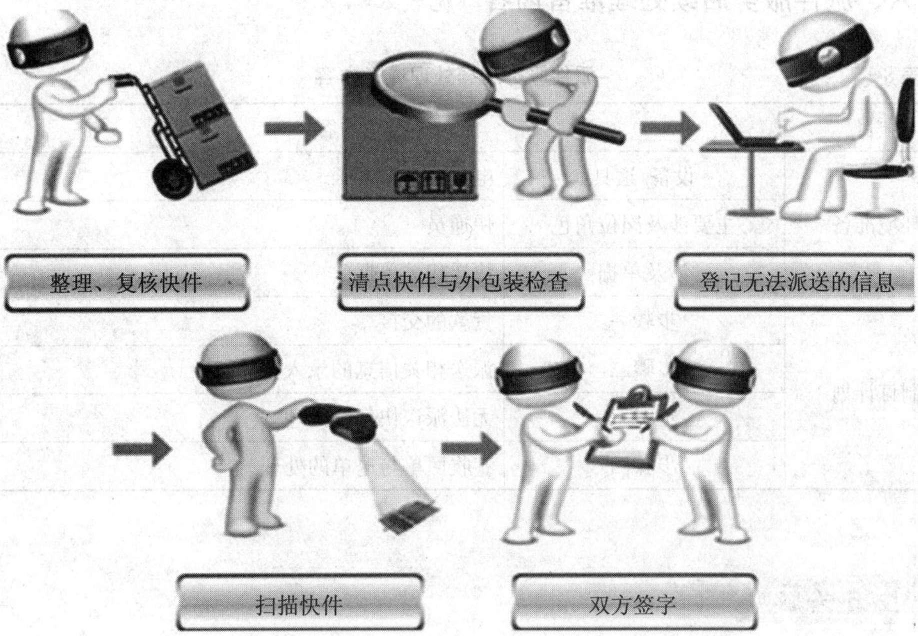

图 8-15　无法派送快件移交流程

五、签收回单与退单的处理过程

退单与回单处理流程，见图 8-16。

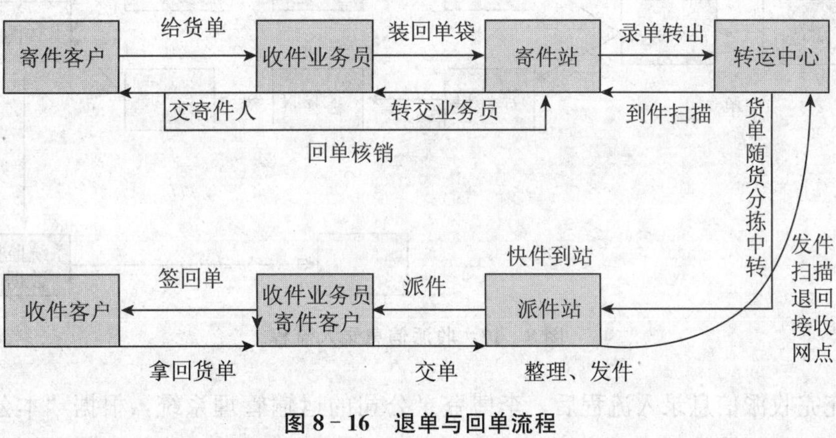

图 8-16　退单与回单流程

退单的撤回条件（同城和国内异地快递服务）：快件尚未首次派送；如已经首次派送但尚未派送成功，则可撤回，快件撤回须收取相应的撤回费用。

六、派件服务后续处理准备内容（见表 8－7）

表 8－7　　派件服务后续处理准备内容

项目	准备内容	
环境准备	设备/道具	电话、笔、本子
	主要涉及岗位角色	快递员
	涉及单据	快递相关单据
制订计划	步骤一	货款的交接
	步骤二	派送相关信息的录入、登记
	步骤三	无法派送快件的处理
	步骤四	签收回单与退单的处理

任务实施

步骤一：录入派送信息

李博在返回网点后，需要将已派送的相应信息准确、完整、及时地录入系统，他需要根据所学内容，先补充完整收派信息录入流程图，见图 8－17。

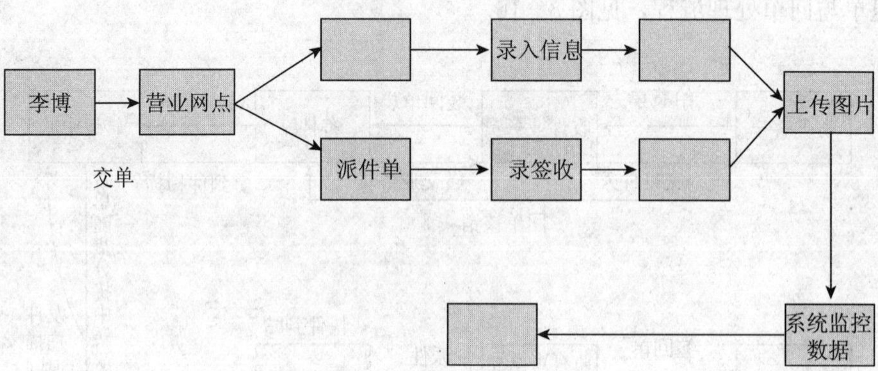

图 8－17　收派信息录入流程

补充完收派信息录入流程后，李博登录公司的运输管理系统，根据“本公司派送存根联”将相应快件的运单号码、派送业务人员工号和姓名、收件人签名及签收类型等内容录入系统。

步骤二：移交无法派送快件

接着李博对无法派送快件交给营业网点的操作专员进行处理，具体移交流程如下：

（1）操作专员先清点运单数量和无法派送成功的快件数量，将两数相加总数与快件派送清单的总数对比，确保数量一致。

（2）接着检查无法派送的快件以及包装破损情况，与派件交接单、运单上标注的信息进行对比，确保两者一致，并进行称重复核。

（3）然后在派送清单上登记每一件“无法派送快件”的信息，包括运单单号、派送时间和无法派送的原因等。

（4）之后扫描运单号，将数据上传系统，供客户在网站查询。

（5）最后李博和操作专员都在派送清单上签字。

步骤三：移交营业款

经过清点后，李博今日收派快递清单（见表 8-8）。

表 8-8　　材料清单

序号	运单号	应收货款（元）	实收货款（元）	备注
1	E365984652159	22	22	
2	E569284652159	30	30	
3	E364584652159	22	0	货到付款
4	E369184652159	10	10	
5	E365645218159	55	0	货到付款
6	E594628165988	30	30	
7	E548136597258	22	22	
8	E256481365988	10	0	货到付款
9	E198564286952	10	0	货到付款
10	E263598715245	22	22	

李博需要根据该表填写交款清单（见表 8-9）。

表 8-9　　交款清单

序号	运单号	应收款项	应收营业款	实收营业款	异常说明
1	E365984652159	22	22	22	
2	E569284652159	30	30	30	
3	E364584652159	22	22	0	货到付款
4	E369184652159	10	10	10	
5	E365645218159	55	55	0	货到付款
6	E594628165988	30	30	30	

续 表

序号	运单号	应收款项	应收营业款	实收营业款	异常说明
7	E548136597258	22	22	22	
8	E256481365988	10	10	0	货到付款
9	E198564286952	10	10	0	货到付款
10	E263598715245	22	22	22	
合计：136（元）			233	136	97（到付）
收款人：			交款人：李博		

李博整理好派送快件的运单及派送过程中收取的到付运费共计 136 元，及时上缴给营业网点主管，在双方检查无误后，签字确认。

步骤四：签收回单与退单处理

最后李博将客户签收的回单与客户的退单都整理好，上交给操作专员，统一返回寄件方。

任务评价

姓名			学号		专业		
任务名称		派件服务后续处理					
考核内容		考核标准	参考分值	学生自评	小组互评	教师评价	考核得分
职业素养	1	具有团结合作的精神	10				
	2	完成工作任务时认真负责的态度	10				
理论知识评价	3	熟悉货款交接内容	10				
	4	掌握录入相关派送信息	10				
	5	了解无法派送快件的处理方法	10				
	6	掌握退单与回单的处理过程	10				
技能操作评价	7	正确录入派送信息	10				
	8	正确处理无法派送的快件	10				
	9	正确提交营业款	10				
	10	正确处理回单与退单	10				
总得分			100				

任务拓展

张磊是小马快递一名快递员，今天他接到一份快递，需要送到珠海市吉大国腾科技发展有限公司。然而抵达目的地后发现该公司已经搬迁，那么张磊应该怎么做呢？大家快来帮帮他吧。

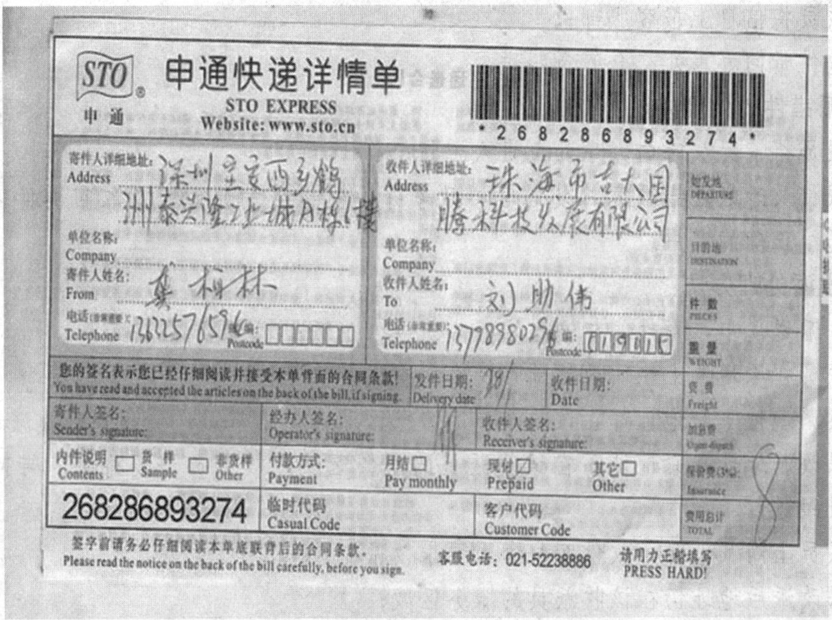

STO 申通 申通快递详情单
STO EXPRESS
Website: www.sto.cn
268286893274

寄件人详细地址 Address
单位名称 Company
寄件人姓名 From
电话 Telephone　邮编 Postcode

收件人详细地址 Address　珠海市吉大国腾科技发展有限公司
单位名称 Company
收件人姓名 To　刘助伟
电话 Telephone　邮编 Postcode

始发地 DEPARTURE
目的地 DESTINATION
件数 PIECES
重量 WEIGHT
资费 Freight
加急费
保价费(3‰) Insurance
费用总计 TOTAL

您的签名表示您已经仔细阅读并接受本单背面的合同条款！
You have read and accepted the articles on the back of the bill, if signing.
发件日期 Delivery date
收件日期 Date
寄件人签名 Sender's signature
经办人签名 Operator's signature
收件人签名 Receiver's signature
内件说明 Contents　货样 Sample　非货样 Other
付款方式 Payment　月结 Pay monthly　现付 Prepaid　其它 Other
268286893274
临时代码 Casual Code
客户代码 Customer Code

签字前请务必仔细阅读本单底联背后的合同条款。
Please read the notice on the back of the bill carefully, before you sign.
客服电话：021-52238886
请用力正楷填写 PRESS HARD!

任务资料

顺丰速递收派员派件异常情况处理标准

1. 客户搬迁、客户离职的处理办法：

若客户搬迁，且能联系上收件人，询问客户新的详细地址；

在运单上注明新的地址，同时上报客服部备案；

若更改后的地址在该收派员收派区域内，在派送时限内上门派件；

若更改后的地址不在该收派员的收派区域内，将快件带回办事处交仓管员，并说明客户搬迁情况；

若收派员无法联系收件客户或收件客户已经离职，收派员须将情况上报客服部备案，快件带回办事处交仓管员跟进；

若月结客户搬迁，收派员除完成上述操作外，另需将客户搬迁的相关信息告知办事处负责人及同一收派区域不同班次的同事。

2. 地址错误的处理办法：

收派员将信息上报客服部。

3. 收派员当班次接到确认后的地址：

如正确的地址在该收派员的服务区域，须按正常派送流程派送，并保证派送时效；

如正确的地址不在该收派员的服务区域，须将快件带回办事处交仓管员跟进；

收派员当班次未接到确认后的地址，须将快件带回办事处交仓管员跟进。

4. 客户拒付、拒收的处理办法：

收派员将信息上报客服部；

将快件带回办事处交仓管员跟进。

5. 派错件的处理办法

收派员将情况及时向办事处负责人汇报；

收派员及时赶至错派客户处向客户致歉并说明错派的原因，并取回快件，尽快将快件派送给正确的客户。

6. 改派处理办法：

快件派送途中，寄件客户通过客服人员要求改派；

收派员在原运单上注明改派地址及客服查询员工号；

如改派地址与原地址都在该收派员的服务区域，按正常派送流程和时效派送；

如果改派地址与原地址不在该收派员的服务区域，收派员需要将快件带回办事处交仓管员跟进；

收派员上门派件时，收件客户本人要求改派；

如果改派后地址仍在该收派员的服务区域；

在运单上标注改派地址，并要求收件客户本人在运单上注明“要求改派至新地址”，并签字确认；

按正常派送流程完成改派；

如改派后新地址不在该收派员的服务区域；

在运单上标注改派地址，并要求收件客户本人在运单上注明“要求改派至新地址”，并签字确认；

将快件带回办事处交仓管员跟进。

7. 至客户处，发现客户不在的处理办法：

收派员根据运单的收件人电话与收方客户取得联系；

客户指定代收人，由代收人签收快件；

与客户约定再派时间并在备注栏内注明；

约定时间在当班次内，按约定时间上门派送；

约定时间超出当班次时间，将快件带回办事处交仓管员跟进；

收派员未能联系到收件客户，须留下“再派通知单”，将快件带回办事处交仓管员跟进。

8. 大件或多件货物派送处理办法：

清点快件件数；

致电客户，约定派送时间；

如到付现结快件，须提醒客户准备运费；

将快件装车，规划线路，进行派送。

项目小结

通过本项目的学习，同学们应该掌握了快件派送的步骤和方法，掌握了快件派送后续快件交接、货款交接的程序。同时，学习了派送人员服务标准用语和未派送问题件的各种处理方法。

实训练习

一、单选题

1. 派送快件时如果客户不在，派送人员应当（　　）。

A. 直接将快件带回点部

B. 替客户收件

C. 直接将快件放到客户所在小区物业或传达室

D. 与客户联系沟通处理方式

2. 派件时客户未签字，取派员回到营业网点后，（　　）代替客户签字。

A. 肯定可以　　B. 一般可以　　C. 有时不可以　　D. 不可以

3. 无法派送代码 DMG（damaged）代表的基本含义是（　　）。

A. 收件人地址欠详　　B. 快件包装或内件损坏

C. 扣货　　D. 客户搬迁

4. 派前检查快件收件人姓名、地址时，不需要核对的内容（　　）。

A. 检查派送地址是否超出自身所负责的派送区域

B. 判断收件人地址是否正确、详细

C. 检查收件人姓名是否正确、具体

D. 检查是否详细记录收件人的职务

5. 移交无法派送快件，描述不正确的是（　　）。

A. 运单数量和无法派送快件数量不符，则可能是快件丢失

B. 检查外包装发现破损，取派员自行将物品取出重新包装

C. 处理人员发现快件重量与运单上的重量有明显差距，则须与业务员当面复核确认

D. 取派员在派件清单上登记每一票无法派送快件的信息，处理人员检查填写的内容是否完整

二、判断题

1. 快递货款快递派送员可以自己留存，每月月底交给点部主管即可。（　）

2. 快递派送见到客户后第一句话是“快递给你”。（　）

3. 快递派送前不需要与客户沟通。（　）

4. 货款交接的基本手续有交款准备、出具交款清单、交款签字、核对交款清单。（　）

5. 无法派送的快件，必须注明无法派送的原因以及是否进行电话、短信联系。（　）

三、简答题

1. 简述退单与回单处理流程。

2. 简述无法派送快件的处理方法。

3. 简述派件服务后续处理。

4. 简述快件派送业务流程。

5. 处理无法派送快件的注意事项。

答案：

一、单选题

1. D　2. D　3. B　4. D　5. B

二、判断题

1. ×　2. ×　3. ×　4. √　5. √

三、简答题（略）